圖解

男女對話辭典

男女大不同檢証委員會／著

時報出版

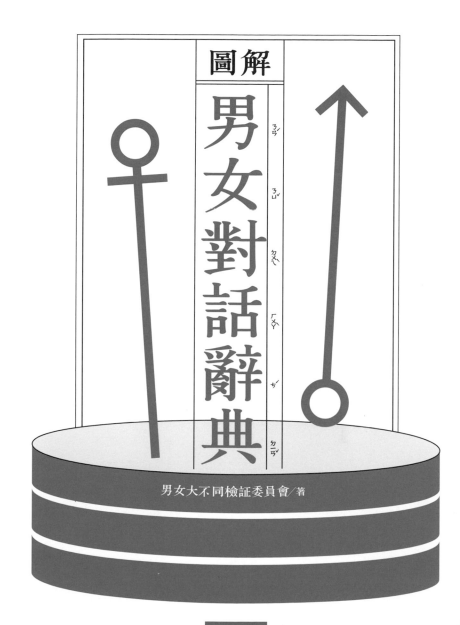

♥前言

跟他在一起真的好快樂，我們倆真是天生一對。

我想讓他得到幸福！

只要能跟他在一起，就能擁有幸福的人生。

即便是抱著這樣的期待結婚，但自從實際體驗婚姻生活後，卻因為一些瑣事而吵架，彼此的關係開始漸行漸遠。

奇怪，他原本是這種人嗎？

本書就是為了解開這類男女間對於「言語」上的定義差異而出版。

雖然彼此都是用相同的語言溝通，但男女對語言中的認知卻大不相同，

你是不是也曾經有過以下的對話？

妻：「又不好好脫襪子，拜託你成熟一點！」

夫：「好啦！也犯不著大呼小叫吧。我看妳才該成熟一點！」

這種場合中，女性若說「成熟」時，就是「把自己的事情管好」的意思，而男性這麼說時，就是「不要太情緒化」的意思。

另外，還有以下例子。

夫：「如果帶小孩很累，可以告訴我，我會幫忙的。」

妻：「說什麼幫忙？小孩明明是我們一起生下來的！」

一樣是「幫忙」這個辭彙，對男性而言就只是單純的輔助，但女性聽了便會解讀成「不想負責」，認為男方對於帶小孩、做家事的工作，表達出「責任不在我」的態度。

基本上，女性會因為感情豐富而敏銳地觀察，各種事物在親自動手做的同時還能立即思考並得出結論。也因此，當丈夫對相同事物有不同的看法時，就會產生「雖然我沒有講出來，但你應該要懂我的意思。」或「為什麼你就是不明白？」的感受，甚至會開始生氣。另外，有些女性也會因為看重自己的心情，而產生「我的心情不被人理解」的想法，進而讓自己的內心承受很大的壓力。

另一方面，男性則是在理解事物和言語時，會捕捉基本面，並且將專注力集中在單一重點中。由於男性多半在適應團隊運動、公司等團體上，有豐富的社會經驗，因此討論偏向給承諾和注重合理性。此外，男性還會重視勝負與尊嚴，所以不允許自己被人瞧不起。

也因為男女看法有別，所以同在一個屋簷下出現誤會也就不意外了。原本是最讓人感到輕鬆自在的家，卻成為互相傷害、敵視的戰場。

因此，要避免這種事態的發生，最重要的觀念就是「理解雙方一定會有意見上的差異，而且還要能相信彼此、互相扶持」。

本書會列舉出很多偶爾會出現，而且也很容易理解的兩性趣事，同時也會告訴大家如何化解夫妻間的誤會，以及說明問題上的癥結。

我們由衷地希望本書能在確保家庭和樂的問題上，略盡綿薄之力。

前言……004

ㄅ

＊不做也沒關係……012
＊不倫……014
＊不期不待……016
＊抱怨……018
＊幫我處理一下……020
＊幫忙……022

ㄆ

＊劈腿……024

ㄇ

＊沒問題……026
＊忙碌……028

ㄈ

＊反省……030
＊放棄……032
＊服務家人……034
＊憤怒……036

ㄉ

＊第一次……038
＊道歉……040

ㄊ

＊同居……042
＊妥協……044
＊坦白說……046
＊頭銜……048
＊逃避……050
＊體貼的人……052

目錄

ㄋ

＊年收入……054
＊年齡……056
＊男女的友情……058

ㄌ

＊老後……060
＊老家……062
＊來真的……064
＊浪漫……066
＊理想的夫婦……068
＊聊天……070
＊旅遊……072
＊聯誼……074
＊禮物……076
＊離婚……078

ㄍ

＊工作……080
＊購物……082
＊關愛……084

ㄎ

＊可愛……086
＊哭泣……088
＊誇獎……090

ㄏ

＊合理……092
＊回憶……094
＊喝醉……096
＊懷孕……098

ㄐ

＊加油……100
＊沮喪……102
＊紀念日……104
＊寂寞……106
＊減肥……108
＊結婚……110
＊嫉妒……112
＊建議……114
＊家事……116
＊價值觀……118

ㄑ

＊前男友／前女友……120

ㄒ

＊心情……122
＊享受嗜好的時間……124
＊幸福……126

＊性愛……128
＊信用……130
＊信件……132
＊協助……134
＊喜歡……136
＊謝謝……138

ㄓ

＊正確……140
＊賺錢……142

ㄔ

＊出人頭地……144
＊出門前的準備……146
＊吵架……148
＊成熟……150
＊抽空陪伴……152
＊察言觀色……154

ㄕ

＊世故圓融……156
＊率直……158
＊輸贏……160

ㄖ

＊任務……162
＊忍耐……164
＊認真……166

ㄗ

＊自己的想法……168
＊責任……170
＊做自己……172
＊尊敬……174

ㄙ

＊素顏……176
＊撒嬌……178
＊隨心所欲……180

ㄧ

＊友情……182
＊儀態……184

ㄨ

＊我的菜……186
＊無法接受……188
＊慰勞……190

ㄩ

＊育兒……192
＊約定……194

ㄞ

＊愛情……196

結語……198

不做也沒關係

並沒有希望對方非得把事情做完，也不是要放棄還是放著爛，而是抱持著純粹發呆不做事也沒多大影響的心情，才會說出這句話。

男

就算不做
也不會怎麼樣

女

反正全都要
我來做就是了！

說這句話的時候，女性多半有種「讓我來吧」或「我來做啦」等受害者的氣憤情緒。另一方面，如果有人跟女性說這句話，她就會反問：「我不做，誰來做？」

女 放著也有壓力的女性

男 輕鬆放著不管的男性

TIP 雖然「不做也沒關係」說起來簡單，但真的放著不管，反而無法化解心中的「阿雜」。

男性雖然可以輕易說出「不做也沒關係」，但是女性會因為「非做不可」的想法，而對隨便放棄的作法，產生心理壓力。所以，男性在說出「不做也沒關係」之前，別忘了先考量一下女性的這種心態吧。有時候，男性表示「交給我處理」並真的動手做，其實是一種貼心，但如果妻子又聽到你說「你不做也沒關係」，反而可能會覺得這句話有「反正全都要我來做就是了！」的諷刺感在裡頭。

男性在表示「不做也沒關係」時，通常沒有其他涵義，所以女性不用覺得對方話中有話，大方接受這句話的好意就好了。此外，還可以回覆「那就麻煩你囉！」讓事情順勢交給對方處裡，也不失為一種好方法。

不倫（ㄅㄨˋ ㄌㄨㄣˊ）

男

稍微逃避現實

當男性發現家庭不需要自己，自覺得沒有容身之處時，就會因為失落感而糊里糊塗地「劈腿（請參閱第二十四頁）」。只不過，即使男性很清楚自己正在「劈腿」，確實也從沒想過要離婚。

女

認真逃避現實

女性認為這是一種根本上道德不允許的行為。但相反地，女性在婚姻裡一旦數度出現想要離婚的極端不滿時，則會為了做出「道德不允許的行為」，而容易對這樣的事情認真起來。

男 糊里糊塗地不倫的男性

女 渴望溫柔而走心的女性

TIP 趁妻子懷孕時不倫，
最嚴重的後果就是讓妻子從此記恨一輩子。

當妻子正處於懷孕期和育兒期時，內分泌的變化與不安，會讓她處於一段情緒極端不穩定的時期。如果丈夫在這個時期外遇，即使只是一時糊塗犯了錯，也會讓她記恨一輩子，甚至使雙方的關係瀕臨瓦解。而妻子會走上不倫的這條路，通常代表妻子玩真的，所以為了避免妻子走心，平日就必須對妻子清楚表達愛意。

相對地，丈夫覺得自己在家中不受尊重，就會將注意力向外發展。雖然男性在家事和育兒上，沒辦法分掉女性一大半的負擔，但若能對願意並且好好分擔這些工作的丈夫表達感謝之情，就可以維持丈夫在家中的面子了。

如果不想讓夫妻之間產生裂痕，多替對方著想，彼此表達感恩之意，便是防止不倫的最佳對策。

不期不待 ㄅㄨˋ ㄑㄧˊ ㄅㄨˋ ㄉㄞˋ

對對方或事情表達「已經沒有什麼想法了」。當男性說出「我已經對你不期不待」時，多半就代表完全不把對方看在眼裡，表示事態幾乎已經是「放棄」的階段。

男

不要求、不關心的狀態

女

抱有一絲期待的狀態

女性說出這句話通常表示「我還抱有一絲期待」。只是她們也很清楚這個期待不會實現的可能性很高，所以會呈現一種默默生悶氣的狀態。

男 已經將心態重置的男性

女 仍抱有「期待」的女性

TIP 即使男性能把話聽進去，但女性希望對方聽到「不期不待」後，就立刻理解成「振作起來」是不可能的！

當妳的丈夫或男友說「每天都煮一樣的晚餐，我已經不期不待了」時，他可能是想告訴妳「既然不擅長料理，別煮了吧」。如果沒有這樣的意思，就會表達「謝謝妳每天做的料理，如果覺得累，也可休息一下」這樣的說法。相對地，女性說出「不期不待」時，男性請不要以為女性「已經結束話題」，反而要盡快設法問出話中的真意。

有時候女性會期待對方奮發圖強，而說出「對你已經不期不待」，但這反而會造成反效果，甚至讓對方覺得煩心，唯有坦率地說出真心話，才不會造成雙方的壓力。

抱ㄅㄠˋ怨ㄩㄢˋ

男性認為「讓人看到弱點」＝「愚蠢的行為」所以多半只會對好朋友吐苦水，在想讓對方看到自己強勢的一面或是不想輸的對手面前，絕對不會抱怨。

男

暴露自己弱點的蠢話

女

顯露出弱點，引起對方同理心和同情的手段

女性會透過共同擁有不滿和困擾，而營造出同儕意識，此外，有許多人也會透過跟信賴的對象抱怨，來紓解壓力。

男 不想被看到弱點的男性

女 希望被同理不滿的女性

TIP 如果丈夫不願意抱怨或許就是不信任妻子吧。強迫他抱怨是絕對NG的喔！

如果妻子開始抱怨的話，男性就說些有同理心的話吧，而不是正經八百地給意見。也許一直聽毫無建設性的話很痛苦，但是這是讓妻子放鬆的方式。此外，女性只會跟自己信賴的人抱怨，或許男性可以抱持著被信任的正面態度來聆聽。

相對地，女性若發現丈夫不對自己抱怨，有些人會覺得自己是不是不被信賴而感到心情低弱，但這種擔憂是沒有必要的。因為不想被他人看到弱點是男人的本性。這時候不要逼問對方，自然地體諒辛苦、說出感謝之語即可。

幫ㄅㄤ我ㄨㄛˇ處ㄔㄨˇ理ㄌㄧˇ一ㄧ下ㄒㄧㄚˋ

男性會在要求他人改善的時候使用這個辭彙。帶有十分急迫的情緒，還有一種不容分說，希望整件事能照著自己的想法進行。

照字面的意思，來獲得改善

男

女

是你的責任，所以好好處理

女性會在自己處理不了，想要交給對方處理時說出這個辭彙。通常這也表示女性心中很想將所有責任都丟給對方處理。

ㄅ

一聲・十七畫

男 心中有理想方法的男性

女 全權交給對方處理的女性

TIP 只要說「幫我處理一下」，就能將事情全交給妻子處理。但也要知道妻子可能會用自己喜歡的方法完成委託。

當丈夫對妻子說「幫我處理一下」時，通常代表丈夫很期待能看到心中理想的結果。但對女性而言，這句話有全權交給他人處理的意思，當然就會以自己的作法來完成工作。如果男性希望對方可以按照自己的理想方式做好事情，就算是再怎麼不得已，都還是要具體說出要求。

相反地，當女性向男性表示「幫我處理一下」時，就不會硬是用自己的方式來處理。首先你要冷靜詢問對方，再判斷該如何幫忙，如此才可避免後續的麻煩。此外，女性若打算把事情全部丟給男性解決時，說「這件事就交給你處理」就對了。

幫忙 ㄅㄤ ㄇㄤˊ

男

不超過一半工作量的支援

以男性的情況，若有人願意稍微給一點協助，這個辭彙就成立。相對地，也能理解這是「聊勝於無」輔助的意思。

女

不打算做主要工作的意思

女性認為所謂的幫忙就只是協助，表示自己已放棄主導工性。由於女性也能輕易地脫口說出這樣的辭彙，所以遇到育兒、家事等兩個人該負責的事情，被使用這樣的辭彙，就會一把火湧上心頭。

男 認為「幫忙＝輕度勞動」的男性

女 認為「幫忙＝推卸責任」的女性

TIP 「照顧孩子本來就是父母的責任」，但丈夫只想從旁協助的態度就已經讓妻子快抓狂了！

對女性而言，所謂「幫忙」這個字眼，就等於是表示「這不是自己的事，但我來做」的意思。所以，在提及家事、照顧孩子的工作時，若丈夫表示「我來幫忙吧」，便有踩到妻子的地雷的危險，暗示「這本來就是妳的工作」，所以千萬要特別留意。

相反地，由於男性覺得「幫忙」幾乎等於「簡單的協助」，所以當有人提出「需要幫忙」時，男性通常會很樂意。不過，這並不代表男性願意做比「協助」更多的工作，所以也不用抱持著太高的期待。如果對結果有要求，委託時建議具體且明確地說出自己的需求。

劈 ㄆㄧ 腿 ㄊㄨㄟˇ

從生物學的角度來看，盡量將基因散播開來是男性的本能，所以男性確實時常會「想劈腿」。至於最後選擇結束「劈腿」還是選擇「認真」，就看夫婦間的關係了。

和伴侶以外的人做愛

對伴侶以外的人走心

在生物學上以生小孩為目的的女性無法滿足跟丈夫間的關係時，只要聽進一點甜言蜜語就會輕易劈腿。相反地，如果丈夫能滿足自己的生活，就不會有劈腿動機。在這方面，女性很少只是肉體關係，有很大可能性是「認真」的。

男 同時掌握「劈腿」和「對妻子的愛」的男性

女 覺得「對丈夫不滿」和「劈腿」有關的女性

TIP 不管有什麼理由，只要劈腿被抓包，就要有面臨「離婚」的覺悟。

男性即使愛著妻子，仍然有機會對另一半不忠。只是當女性發現丈夫劈腿時，由於會感受到「自己的愛情即將結束」，再加上「丈夫劈腿」的雙重打擊。所以，對即使只是一時衝動著了魔才會走錯路的男性，還是會懷恨在心。

另一方面，**女性劈腿的動機就完全是對丈夫的不滿**。這也表示問題是出在丈夫身上，但要注意的是男性是完全無法接受自己「被戴綠帽」，這會讓他們自尊心全面崩潰。所以只要對方有劈腿的事實，就要有面對離婚這個最壞結果的打算。

沒ㄇㄟˊ問ㄨㄣˋ題ㄊㄧˊ

男

希望對方能放心將事情交給自己

男性說出這個辭彙時，通常意味著希望對方不要插手。但如果是關於身體狀況，發現男性即使超出負擔，還是使用這個辭彙，就必須特別注意了。

女

希望得到幫忙的意思

根據狀況的不同，這個辭彙有完全相反的意義。的確有真的「沒問題」的情況，但也有希望對方對自己伸出援手，但不是由自己主動開口請託，而刻意以「沒問題」這個辭彙來表達。

女 表示「沒問題」才怪的女性

男 表示真的「沒問題」的男性

TIP 當妻子說「沒問題」時，請還是盡量伸出援手幫忙，如此才是夫婦和樂的祕訣。

女性使用「沒問題」這個辭彙時，多半是因為怕給他人添麻煩，所以希望不要由自己主動開口來提出需要協助的請求。這時候請無視女性說的「沒問題」，視狀況適時伸出援手吧。真的不需要幫忙的時候，也請女性更清楚明白地拒絕對方提出幫助。

當男性說「沒問題」時，表示可以真的不管也無所謂。也可以說，此時對事情指長道短，反而會弄糟男性的心情。不過，要是男性在身體健康方面認為自己「沒問題」時，就要根據實際狀況的嚴重程度，強迫男性前往醫院就診。

忙碌

ㄇㄤˊ ㄌㄨˋ

男

對其他事完全無暇他顧的狀態

即使被他人拜託，也會以無法再承擔任何工作為理由，表現出拒絕的態度，或者當成自保的用語。最重要的是這個辭彙能成為方便開脫的藉口。

女

有很多事必須處理的狀態

由於女性能同時進行多項工作，所以這是習以為常的狀態。但如果女性在抱怨的場合下用這個辭彙形容自己時，大多是暗示自己「總是如此忙碌」。

女 不知「忙碌」為何物的女性

男 把忙碌當作藉口的男性

TIP 對女性來說只是「抽空傳簡訊」程度的簡單小事，對男性卻是超高難度的技術。

對於男性的注意力只能集中在單一工作上，無法進行其他額外工作的狀況，可以一心多用的女性是完全難以理解的。對女性來說，「工作忙碌」和「敷衍家事」是完全兩回事。在妻子聽到丈夫說「工作忙碌」的藉口後，往往會生氣地回「所以呢？」就是因為這個緣故。亦即這時候情緒化地責備丈夫是不會有好結果。倒不如請理解男性是一種「一次只能做一件事」的動物，需要幫忙時可以事先問丈夫是否方便，或是安排每天固定工作給丈夫做也是一個不錯的方式。而這個時候也別忘了對丈夫每天的固定協助表示感謝之意。

反ㄈㄢˇ省ㄕㄥˇ

告誡自己 下次不要再犯錯

由於很多男性從小就被要求反省各種事，所以總是能馬上自省。只是，也因此會覺得「只要反省過就可以了」，然後過不了多久又會再次犯同樣的過錯。

思考自己 錯在什麼地方

雖然女性反省時會分析自己的行動錯在哪裡，但得出的結論未必是「承認是自己的錯」。還有，女性也很擅長在表面上表現出反省過的模樣。

女 反省不代表真心的女性

男 真真切切在反省的男性

TIP 其實女性比男性更不擅長承認自己犯錯，
但能在表面上流露出反省的模樣，或許也算是一種才藝吧？

就算女性說「我在反省了」，也不代表她們完全認為是自己的錯。她們只是知道自己有做錯的部分，也很清楚知道自己有不打算解決的部分，所以會使用這個辭彙。雖說如此，妻子即使用這句話承認自己犯錯，多半是為了展現自己成熟態度，表示「沒關係，我也有錯的地方」。

至於男性在反省時，則多半是認為「對不起，我不會再犯了」。但請別忘記男性同時也是不見棺材不掉淚的生物，就算他們聲明自己「已經在反省了」，到後來還是會突然反悔，因此女性最好要有「男性並不會真的不再犯第二次錯」的覺悟。

放棄（ㄈㄤˋ ㄑㄧˋ）

男

退一步 海闊天空的境界

發現自己無法如願以償時，就只能用嘆口氣作為整個狀況的收尾。經過一段時間後，男性會避免提及當時的狀況，甚至會變得不再去想那件事。

女

關係將惡化的危險訊號

面對讓自己期待落空的狀態，心境從「空虛」發展為「憤怒」，再演變成「厭煩」。到最後甚至會變成「無視」、「嫌惡」，但並非真的表示接受結果。

男 覺得放棄好處多的男性

女 從不肯輕易放棄的女性

TIP 當你的妻子說「我放棄」時，千萬不要以為總算能鬆一口氣，因為妻子事實上根本沒打算放棄。

不管是何種年齡層，女性都是重視用言語溝通的生物。反觀男性如果將「為妻子、兒女工作」、「為家庭盡心盡力」的事實與態度，作為傳達愛情的唯一方法時，反而會讓女性難以理解你的真心情意。所以你想要跟妻子維持良好關係時，最好時常將「愛」這個詞放在心頭，然後沒事就找機會說出來。這一招在各種紀念日或女性需要心靈上的安慰時，最能夠收到效果。

另外，女性如果偶爾出現想要丈夫對自己說「我愛妳」時，那麼就要確實地對丈夫說清楚，例如直接告訴他「我希望你能親口說你愛我」。要知道男女溝通的基本方法，不是光想著「快注意到我的心意」就能讓對方接收到妳的心電感應。重點在於自己要好好地說出口、講明白。

服ㄈㄨˊ務ㄨˋ家ㄐㄧㄚ人ㄖㄣˊ

男

犧牲自我伺候全家

以家人為對象，伺候到他們滿意為止的代名詞。但男性平日的工作也會感到疲憊，所以多半在心底很希望家人能對包辦活動內容的辛勞表達感謝之意。

女

本該義務做的家庭活動

對女性而言，聽了這個辭彙就會產生厭惡感。因為照顧家人本來就是理所當然的事，特別加上「服務」二字，反而更讓她們無法理解。

女 因服務不夠周到而生氣的女性

男 因服務家人而疲於奔命的男性

TIP 「就算是路上塞車我也一樣很用心開車，所以你們要好好感謝爸爸喔！」

男性在妻子面前，不要提到「服務家人」這個字眼。尤其平日都將照顧小孩的工作交給妻子的情況下，要是丈夫在假日能主動提議照顧小孩，讓妻子稍作休息，通常妻子都會非常感謝丈夫。不過丈夫也注意別只顧著自我滿足，還是要瞭解家人真正的期待是什麼。當然，若真的覺得身體很疲倦時，也可以不要勉強自己。

而女性則要能理解丈夫希望假日能悠閒度過的狀況與心情，一副理所當然的態度是不會讓丈夫覺得心甘情願的。可以的話，若能「明確地」請託「自己真正想要的期待」，並且由衷地感謝，就能讓夫妻關係皆大歡喜。

憤（ㄈㄣˋ）怒（ㄋㄨˋ）

男

自尊心被踐踏而感到不滿

表達出的意見不被他人遵守或自身不被重視時，男性就會產生出這種情緒。尤其在覺得「被人瞧不起」時，憤怒的反應更是會到達頂點。

女

感受被踐踏而感到不滿

拚命完成的事情遭他人否定、覺得自己的努力沒有得到回報時，女性就會產生出這種情緒。決定女性憤怒的強弱與事件的重要程度無關，而是取決於自己的心情被踐踏的程度。

女 計較感覺的女性

男 計較自尊的男性

TIP 男性是重視自尊的生物，所以在他人面前稱讚丈夫，就可以讓他滿心歡喜。

女性是一種不管發生什麼事，都要先問問自己「感覺」的生物，所以就算是男性眼中的小事，也有可能成為女性瞬間動怒的引爆點。如果無視對方的感覺，試圖理智討論的話，無疑是火上加油，這點要特別注意。相對地，若能對對方產生同理心，多半能化解對方的怒氣。

另一方面，由於男性是在乎自尊的生物，因此當認為自己被看不起時，就會觸動男性憤怒的開關。所以，千萬不要有愚弄自己的丈夫或男友的行為或言論。女性請將另一半的尊嚴底線謹記在心，就能省去無意義的口角。

第ㄉㄧˋ一ㄧ次ㄘˋ

男

從來沒做過而無所適從

男性對待至今為止從未做過的事時，多半會表現出消極的態度。因為男性希望所有需要處理的事，最好都是基於過去經驗的延伸上。

女

從來沒做過而興奮期待

女性會因為「新事物」、「第一次的經驗」而興奮，同時也能感受到其中的價值。也因為如此，才會積極嘗試新商品、新時尚以及新店家。

男 對變化感到困擾的男性

女 喜歡變化的女性

TIP 雖然女性很喜歡前往初次接觸的店家消費，但男性卻會因為考量到各種層面而坐立難安。

女性比較勇於挑戰，很喜歡「變化」以及「未知事物」，而男性相對地較為裹足不前。若男性願意鼓起勇氣一起挑戰新事物，或許自己的世界、兩人的世界都會更為寬廣吧。

相對於女性，請理解男性是一種極度不喜歡變化的生物。就算只是要改變外在形象，也會讓丈夫疑惑是否連內在個性全都變得不一樣。所以，建議以「不改變穿著品味，而是只稍微換一下髮型」的程度，逐步做點造型變化，較容易讓丈夫習慣。

道ㄉㄠˋ 歉ㄑㄧㄢˋ

男

希望對方能「道歉」

男性會將道歉視為表達反省之意的最高表現。也因此他們相信只要願意拉下臉說「對不起」，所有麻煩事都能迎刃而解。就連他人對自己道歉時，也抱持著相同的態度。

女

希望對方能說出「道歉」的理由

女性覺得重點在於「因為什麼事生氣」「傷害了什麼」，所以無法接受僅是說聲「對不起」的道歉方式。

♥男 將一切託付在「道歉」這個辭彙的男性

TIP 「我都已經道歉了，你還要我怎麼樣！」
「不然你倒是說說看我錯在哪裡！」

雖然男性將「對不起」視為最高的謝罪表現，不過在女性聽來，並不是這麼一回事，因為女性認為好好地將「道歉」的原因說清楚，才是最重要的事。

相反地，若男性始終沒有道歉，就代表他認為「無法由自己先低頭認錯」。所以，當丈夫或男友遲遲不道歉時，生氣就完全是一種時間上的浪費。因為男性對於讓步的一方，多半會釋出善意，因此女性與其直接發脾氣，不如先以退為進，才是聰明的作法。另一方面，如果女性不知道自己是對是錯時，就坦率地道歉吧。因為聽到對方先主動說對不起時，大多數男性也會爽快地接受。

♥女 認為「道歉」的原因才是重點的女性

同居 ㄊㄨㄥˊ ㄐㄩ

男

和情人一起開心過生活

不但可以整天膩在一起，也能節省房租、水電費，而且還不用過著結婚後枯燥的生活，簡直是好處多多。對男性而言，這是一生中至少要經歷過一次的時期。也因此，很多男性會輕率地跟情人同居。

女

婚前的試用期

「我想跟這個人一起生活」的想法就是讓女性結婚的重要因素。所以，女性會將同居當成是否決定結婚的關鍵階段。

期待「同居生活」的男性

目標放在「結婚」上的女性

TIP 男女要同居時，先以結婚為前提跟雙親見個面，也許未來的生活能夠一帆風順吧？

男性會希望同居，通常是想要有更多時間跟女友膩在一起、經濟上能平攤生活費、想吃女友親手做的料理等等。而為了這些理由輕易地跟女友同居後，也就容易讓增加負擔的女友心生不滿。也因此，許多同居的情侶大概會有八〇％的機率會走上分手一途。身為男性的你如果已經知道女友打算結婚時，最好能設定好同居的期限等細節。

至於女性，則要意識到同居代表自己將會跟對方共享人生。不這麼想的話，最壞的發展就是沒頭沒腦地跟男友同居了好幾年，最後只是白白浪費自己的人生。如果妳是將同居視為「結婚前的試用期」，也許好處就是在發現對方不適合自己時，可以省去辦理離婚協議的手續。

妥協

ㄊㄨㄛˇ ㄒㄧㄝˊ

男

在公平的立場下相互讓步

釐清並公平衡量各種利害關係，進而找出彼此都能接受的立場。也因為男性會想保持公平的態勢，所以比起用七三或六四的比例分配利益，五五分才是最理想的情況。

女

對方是否接受自己想表達的想法

對女性而言，將自己的想法表達給對方知道才是重點。大多女性只要能讓對方理解自己的心意，即使彼此意見不合也不會心生不滿。但若是對方無法理解，即使有折衷方案可以選擇，女性聽了也不會接受。

男 想以折衷方案解決狀況的男性

女 想讓對方瞭解自己心意的女性

TIP　明明正在煩惱到底是去夏威夷還是沖繩，怎麼現在換成要去關島？在意的根本就不是距離的問題。

男性會將重點放在意見的正反兩面，但若討論的對象是女性，男性便得先從瞭解女性意見的背後，究竟含有什麼「心思」開始琢磨起。只要能從這一點「心思」加以安撫，女性多半都會順從男性的意見，即使想自己決定大部分想法也沒問題。

另外，男性在遇到被他人指揮或控制的情況時，很容易產生頑強的抵抗。所以，當妳無法接受丈夫或男友的意見時，直接否定反而會造成反效果。因此，女性最好別用把話說破，也別用指揮或命令的方式讓男性屈服，而是試著用「拜託」的態度吧。男性其實很喜歡實現女性的願望，只要能適當使用這種方法，女性就能成功讓自己的意見實現。

坦白說

ㄊㄢˇ ㄅㄞˊ ㄕㄨㄛ

不做任何隱瞞，把所有事情公開。雖然事實可能會傷害到對方，但男性這時會認為隱瞞對方才是不好的事。

將藏不住的祕密全盤托出

不說謊，好好地說話

比起說出真相，女性的重點在於坦白過程中，不能傷害到對方。雖然女性認為說謊是錯誤的行為，但這不代表女性打算坦白所有事情。

男 對他人說謊會讓自己產生罪惡感的男性

女 傷害到他人會讓自己產生罪惡感的女性

TIP 要是你認為「不想讓女性生氣，就該說出真相」的話，等著你的可能會是一連串麻煩。

女性所認為的「坦白說」，會下意識地在「不會造成傷害的範圍內」，將本意隱藏起來。因此不管你的結論如何，都要避免說出可能會傷害到妻子的事實。就算你說的謊話幾乎會被揭穿，但顧慮到妻子的感受，也要抱持著到死也不說出來的覺悟，隱瞞到底。

至於女性對男性「坦白說」時，雖然一開始會講明自己不會說出傷人的事實，但對男性而言，「發現這個人正在對我說謊」才更傷人。雖然將事實全部說出來需要很大的勇氣，但女性要是沒有自信隱瞞到底，建議將事實一五一十告知，才有機會將傷害降到最低。

頭銜 ㄊㄡˊ ㄒㄧㄢˊ

能幫男性確認自己的身分地位。對男性而言，由於已經長期適應公司等階級分明的環境，因此，心中很習慣靠職稱決定個人的價值。

能影響自身價值的社會地位

根據場合使用的各種身分

由於需要視場合的不同而分別使用「妻子」、「母親」、「公司職員」等頭銜，所以比較不會注重頭銜的重要性，但骨子裡還是會在意丈夫和孩子的頭銜。

男 以頭銜決定自我價值的男性

女 會默默關注男性頭銜的女性

TIP 當男性炫耀自己的頭銜時，女性可以稱讚對方，或者是故意表現出不在乎的模樣都是不錯的對應方式。

不管是什麼樣的男性多少都會在意頭銜，儘管沒有表明，但對頭銜表示不滿意的情況仍然不算少見。所以基本上，家人們可能就得盡量避免相關話題。由男性的這種性格看來，頭銜或許是不適合在家中閒聊的話題。妻子將丈夫的頭銜當作是丈夫個人的所有物，與自己並沒有太大關係，不要多做干涉才是正解。露骨地對丈夫的頭銜表示不滿，會讓他的自尊心就此崩潰，讓男性屈從並不會對彼此的關係帶來什麼好處。

但相反地，如果丈夫或男友對自己的頭銜感到很自豪時，身為另一半就要好好地稱讚一番，就能讓他更加努力。

逃避 ㄊㄠˊ ㄅㄧˋ

男

將傷害降到最小限度的手段

從現場直接跑掉、轉移話題、卸責。如果環境不允許使用以上招數時，男性就會開始生氣，然後想用粗魯的手法迴避。

女

不負責任的卑鄙手段

女性覺得這是一種卑鄙的手段，能輕鬆地迴避責任，也認為這是讓人不齒的行為，她們認為任何事都要堂堂正正地面對。

女 不想輕易逃跑的女性

男 可以立刻逃跑的男性

TIP 對男性來說「逃避」是一種無傷大雅的策略，所以女性沒必要花費精力追問到底。

女性基本上都會認為逃避是卑鄙的行為。因為重視「是否該認真交往」之類的問題，那麼身為男性就不該隨便找理由逃避。**如果無論如何都不想討論某些話題，那麼建議男性可以對女性傳達「我希望能找個充分的時間再好好討論」的想法。**

雖然女性對於男性「逃避」的模樣感到不齒，不過還是請諒解他們可能真的承受不起，不斷追問只會讓彼此關係更加惡化。**建議先允許他們稍微逃避，等過一段時期後再重新詢問，就能更有建設性地處理問題。**總之，對待男性不要用「不准逃跑」的態度窮追猛打就對了。

體貼的人

ㄊㄧˇ ㄊㄧㄝ ˙ㄉㄜ ㄖㄣˊ

男

百依百順的人

男性認為這類人對他人說的話擅長無條件聆聽，所以不是好好先生就是軟弱的人。但在長期被過度要求體貼他人的情況下，還是會爆發、反駁。

女

有需要時會主動過來幫忙的人

女性覺得這類人會在別人有需求時，適當伸出援手。因為女性平時自然而然就會表現出溫柔體貼的模樣，所以也會要求男性也得展現出體貼的一面。

男 希望能接收到要求再體貼他人的男性

女 希望不要求也能被觀察到需求的女性

TIP 無論男女都希望有人可以溫柔對待自己。
在那之前，建議可以先從溫柔對待他人做起。

如果你以為凡事都對女性說「YES」，就稱得上是體貼的人，那就是大錯特錯了。當你聽到女性對你說「可以再體貼一點嗎？」要是你只是覺得「她是不是還想要些什麼？」就代表你對體貼的意義有錯誤的解讀。因為女性希望的是就算沒有出聲要求，也能被察覺到自己需要什麼幫助。所以，當你實在不確定女性的需求時，就主動詢問吧。

如果女性並不是等待別人察覺自己的需求，而是真正需要幫助時，就會清楚表達「自己需要幫忙」。試著不要命令或指示，而是用拜託的方式，雖然與理想中的體貼有所差距，但一樣能引導出男性體貼的心意。

年收入

代表一個人的價值

由於男性認為這多少能感受到一個人的價值，所以發現自己的年收入比別人少的話，就會覺得情緒低落。也因此會陷入是否要知道周圍人們的年收入的兩難中。

帶人安心感的要素

越多越好，希望年收入可以維持生活所需，最重要的是還能有餘裕存錢，所以對金額沒有覺得一定要是什麼數字。

男 從年收入數字來確認自己價值的男性

女 會用年收入話題傷害男性自尊的女性

TIP 即使妻子只是單純地想討論，
丈夫的自尊卻會因為「年收入」話題而受到傷害！

老一輩男性最愛對家人耀武揚威地說「錢都是老子在賺的，沒本事別頂嘴」。不過這句話要是用在現代的家庭和社會，很有可能會讓自己成為眾矢之的。因此，男性的觀念也該與時俱進，就算年收入再多，也要意識到自己是家庭中的一員，別忘了家事、照顧兒女是夫妻共同的工作。

話說回來，女性也必須理解，年收入本來就是敏感話題，絕對禁止神經大條地談論他人的年收入，也不要拿丈夫的年跟他人作比較。若在言語中透露出對丈夫的年收入不滿意，丈夫就會覺得自身價值被否定，而大受打擊。

年ㄋㄧㄢˊ齡ㄌㄧㄥˊ

由於男性習慣根據年齡大小來決定跟對方打交道時的態度，所以來往時如果不知道對方年齡，會讓他們倍感壓力。因此，覺得這也是彼此交談時必須要知道的一件事。

男

很想知道的事

女

不想讓人知道的事

女性不像男性那樣想知道他人的年齡，也不認為自己的年齡只有年輕的時候有價值，但是還是會在乎周遭人們的眼光，才會越是將年齡當成祕密。

男 認為應該長幼有序的男性

女 不想讓人用年齡打分數的女性

TIP 剛認識就問對方年齡
即使沒有惡意也是NG的行為喔！

在女性年輕就是優勢為主流的社會，男性隨便詢問女性的年齡是NG行為。

再者，男性其實並不喜歡自恃年紀小就不分青紅皂白對自己沒大沒小的女性。

此外，如果平時就能談論女性魅力會因為年齡增長提昇，那麼妻子就不會抗拒年齡方面的話題，而認為是一種自然現象，覺得人會隨著年齡增長而變得更有魅力。

至於女性，即便再怎麼重視維持年輕樣貌，但千萬不要做過頭，否則只會被年齡所束縛。如果可以跟年長且有魅力的女性成為朋友，也就能從年老色衰的恐懼中解放。

男女的友情

男

被對方認為是「朋友」的關係

男性對女性不會區別「朋友」、「戀愛對象」，而是配合著對方，看對方把自己放在哪個範圍中（但男性卻很不擅長這件事）。如果對方也剛好有意思，也可能馬上會跟女性發展成性伴侶。

女

自己認為彼此是「朋友」的關係

女性會單純地將男性畫入自己「朋友圈」中。當然也可能因為某種契機，將男性從「朋友圈」移到「戀愛對象圈」。相反地，男朋友也可能被移動到「朋友圈」，變成前男友。

男 配合女性想法的男性

女 隱藏自己心意的女性

TIP 基本上從朋友進階到戀人的發展都是由女性主導，所以要是有進一步的動作，就要有負責任的覺悟。

因為怕破壞彼此之間的關係，有時女性會主張自己跟對方「只是朋友」，然而，男性卻很難看出女性這麼做的心意。所以基本上如果女性直說彼此只是「朋友」時，基本上就的確是沒有其他可能性了吧。

此外，女性對在意自己的男性，以朋友看待是很殘酷的事，所以只想要維持朋友關係的話，就要謹言慎行，注意避免讓對方誤會。相反地，若真的想從朋友關係更進一步，卻繼續用對待「朋友」的態度面對的話，只會無法將心意傳達出去。另外，女性也必須清楚男性就算不打算跟對方進展成朋友以外的關係，還是會基於本能跟女性發生性關係。

老ㄌㄠˇ後ㄏㄡˋ

越是努力工作的人，越容易對老後感到不安。即使希望晚年能夠「夫妻和樂」，但腦中卻沒有具體的概念。男性會覺得不管是晚年的健康還是財務問題，都是難以預測的事情。

令人不安的人生下半場

等著享受的人生下半場

女性認為老後可以從各種義務中解脫，盡情享受各種喜好與樂趣。女性預想老後生活將會是第二度的青春歲月，也一點都不想被丈夫干擾。

男 老後要依靠妻子的男性

女 想獨自享受老後的女性

TIP 到了退休的年紀時，更是能看出雙方的關係的時刻，可以安排一趟兩個人的旅行吧。

將家事、育兒工作都交給女性處理的男性，在老後在家中很可能會變得沒有什麼地位。所以趁年輕時，盡量跟妻子一起處理家務，彼此構築強力連結，就能一同度過幸福的老後生活。此外，比起老後閒閒沒事做，還不如學習處理家事的技術，或找出值得讓自己熱衷的嗜好，替老後生活做好準備。

其實越是沉浸於工作的男性，越容易因為接近退休的日子而變老。要理解丈夫工作也是為了家人，所以也要讓丈夫在退休的日子開始負擔家事，並且把丈夫納入自己的朋友圈，支持丈夫想做的事情等，共同度過老後生活，也能讓自己的人生更充實。

老ㄌㄠˇ家ㄐㄧㄚ

男

安身之處

通常男性會將其視為自己從小就待習慣，能自由、任性生活的場所。由於是可以想怎麼做就怎麼做的地方，因此會打從心底感到安心。雖然知道老婆不喜歡，但男性還是會想帶另一半回老家。

女

累積心理壓力的老房子

可以滿足基本生活需求的場所。但是一旦長久居住，就會有各種糾葛衍生出來的麻煩和壓力，是一個可以的話盡量不要跟另一半回去的場所。

男 希望妻子陪自己回老家的男性

女 不希望陪丈夫回老家的女性

TIP 可以在老家輕鬆待著的男性，以及總是忙碌慌亂的女性。

只要是媳婦，到丈夫老家都會顯得小心翼翼。即使看起來很開心，但男性若覺得另一半會像自己那樣自在，那就大錯特錯了。如果你覺得回老家很理所當然，最後只會迎來妻子不滿大爆發的結果，所以請別忘了感謝妻子願意相陪。

此外，不要擅自決定跟老家家人的約定，先跟妻子討論，才是首要的重點。

至於女性則是要特別注意避免太依賴娘家，將丈夫排除在外，以及跟娘家家人發丈夫牢騷的情況。因為如此以來，如果娘家日後出了什麼問題，可能就無法得到丈夫的幫助了。

來ㄌㄞˊ真ㄓㄣ的˙ㄉㄜ

男

認真去做的覺悟

當男性有了這種想法時，就代表已經做好一定要執行的決心。雖然這份決心不至於永無期限，不過相對能維持更長的時間。

女

不是開玩笑的情緒

不希望自己的情緒、意見被輕視的狀態。但也可能過了一小時後，就轉換了情緒，整個反應完全不一樣。

男 對「來真的」有所覺悟的男性

女 對「來真的」投注情感的女性

TIP 擁有瞬間爆發力的女性；
擁有長期續航力的男性。

當女性說「要來真的了」，男性最好不要信以為真。當然，她們在說出來的那一瞬間確實沒有半點虛假，但卻並不會長久持續。但因為女性多半還是不想自己的「來真的」被聽聽就算了，所以如果她們展現的「我來真的的氣勢可是很強的喔」的態度被充耳不聞，就會怒火中燒。

此外，男性則將「來真的」這個辭彙看得比女性想像中重。所以要是激動地說出「我絕對要離婚！我是來真的！」男性很有可能會真的決定要離婚。尤其女性容易瞬間感情用詞，因此要特別注意。

浪漫 ㄌㄤˋ ㄇㄢˋ

戲劇化的演出

這根本上就是男性不懂的東西。男性會推測這是一種女性會感激、如電影或偶像劇般的感覺。然而男性追求的浪漫是冒險、夢想、強悍、成功等目標。

美妙的氣氛

女性通常憧憬的是閃爍的燭光、充滿愛意的輕柔細語等氣氛。即使是現實中的事物，女性都會因為迪士尼公主系列、少女漫畫、韓劇的洗腦下，去追求她們需要的浪漫。

ㄌ
四聲・十畫

女 對浪漫充滿憧憬的女性

男 覺得浪漫莫名其妙的男性

TIP 咦？你為什麼要在這裡求婚啊？
男人的浪漫總是充滿了失控的意外。

女性希望的浪漫其實是一種與現實上有根本差異的演出。男性雖然無法完全摸透是什麼，但只要仔細觀察少女漫畫、韓劇等情報來源，或許就能作為參考。所以在女性意想不到的情況下，演出美好的浪漫戲碼，想必會讓她芳心大悅吧。可惜的是，做這種事的難度非常高，只要有一點錯誤，就會引起尷尬。在看到丈夫的「浪漫演出」後，如果覺得莫名其妙，還冷淡地問「你到底在幹嘛？」就真的太殘忍了。在本質上，男性在「浪漫」的悟性上本來就不算高明，但對於有這份心意，至少給點掌聲，也能表達自己對丈夫的情意。

理想的夫婦

ㄌㄧˇ ㄒㄧㄤˇ ˙ㄉㄜ ㄈㄨ ㄈㄨˋ

從未想過的事情

基本上男性不會思考這種事，最多只會參考雙親的婚姻狀況，或是當成負面教材。男性只希望自己婚後的生活，可以和婚前一樣自由。

從小腦中描繪的景象

將結婚當作夢想的同時，女性也會想像自己和另一半成為大家尊敬、人人稱羨、笑口常開、越老越幸福的夫妻等等，也因此後來就會對現實中的婚姻感到幻滅

男 比起理想更希望自由的男性

女 持續在腦中描繪理想的女性

TIP 對婚姻充滿理想的女性以及沒有抱持任何理想的男性。如果雙方能稍微中和一下，說不定才是真正的理想？

由於每個人都有心目中的理想婚姻，所以基本上請問問妻子理想中的婚姻生活是什麼樣子吧。一般來說，除了記住各種紀念日外，不要光只顧著工作，也要重視家庭是重點。

另一方面，雖然男性不會執著於所謂的理想，但卻很堅持能擁有自由。建議雙方婚後保持適當的距離，不管是物理上的距離，還是時間上的自由，都不要彼此打擾。此外，妻子的笑容對丈夫來說，是開心的來源，所以平時不要把自己逼得太緊，擁有好心情，應該也能提昇男性婚姻生活的滿意度吧。

聊ㄌㄧㄠˊ 天ㄊㄧㄢ

男

交流資訊

男性聊天時，傾向直接獲取跟行動相關的內容。基本上不擅長應付沒有結論的對話，所以對毫無目的性的寒暄、打招呼等內容感到痛苦。

女

分享彼此的感覺

多半是沒有經過太多思考地講個不停，好確認當前的心情。原本的聊天情緒通常多半會在最後產生變化。因為女性比較重視自己的「心情」，所以，不太注重對話內容是否合乎常理。

女 認為聊天過程最重要的女性

男 覺得談話必須有目標的男性

TIP 女性只要發現對方會聽到最後，就覺得滿足了，
男性則是會對不著邊際的閒聊感到痛苦。

當你在聽妻子或女友說話時，與其聽其中的內容，不如關注她們的情緒反應會更好。對女性而言，即使內容的前因後果太過跳躍，但聊天過程才是她們享受的部分。所以要注意若硬是要為聊天下結論，很可能會讓女性翻臉。

反觀男性，最討厭「不著邊際的對話」，所以，跟丈夫聊天時，最好要事先說清楚諸如「想跟你確認孩子就讀的學校」等內容主題。另外，由於多數男性喜歡聽建議或善意的指正，所以千萬別在不必要的情況下用「我只是想跟你閒聊一下」等理由搭話，而是要從一開始就克制住想閒聊的衝動，否則有可能會演變成吵架的局面。

旅ㄌㄩˇ遊ㄧㄡˊ

男

前往不習慣的場所

雖然有一部分男性熱愛旅行，但基本上多半還是喜歡在家裡輕鬆生活，所以帶全家人去旅行時，男性真正的想法其實是身不由己的。就算真的要旅行，男性也會偏好去熟悉的地方住熟悉的旅館，才會安心。

女

從日常中解放的時刻

從家事、工作中解放的輕鬆時刻。女性旅行時非常喜歡接觸從未體驗過的事情、場所。雖說如此，但內心其實覺得與其看丈夫沒有興致的模樣，還不如跟自己的姊妹淘一起去旅遊。

男 因非日常而坐立難安的男性

女 因非日常而興奮莫名的女性

TIP 逐一安排各自喜愛的活動，一起出遊，就是一段最美好的家庭旅遊。

身為重視效率的男性，通常開車時都會感到煩躁，但連開車時光都能樂在其中的女性卻會要求丈夫能跟自己一樣。也因為她們認為旅遊就是一種從日常生活中的解放，所以建議在選擇租借式度假公寓時，要盡量找不需要自己張羅餐食，避免讓妻子動手處理民生問題的地方。

另外，對只能在熟悉環境下放鬆的男性來說，帶全家人出去旅遊只不過是「服務家人」的一環。因此，如果發現丈夫悶悶不樂，說幾句感謝的話，就能讓丈夫的心情好一點。但話又說回來，為了讓大家都能享受假期，安排丈夫也感興趣的地點，就能毫不費力地讓全家人都玩得開心。

聯ㄌㄧㄢˊ誼ㄧˋ

與女性飲酒聚會場合

基本上，男性將這種聚會視為在外面跟大家碰面的場合。但要是男性產生想一分高下的心態，就代表他想透過贏得目標青睞來自我確認。有時男性們會為了追女性而團結合作，或是展現將自己追到的女性讓給他人的風度。

彼此尋覓良緣的場合

雖然會跟其他女性產生競爭心態，但會時刻注意不要將競爭的想法流露於表面。如果男性當中沒有自己喜愛的類型時，女性就會將聯誼當成姊妹們互相聊天的聚會。

男 將聯誼當成一般聚餐的男性

女 想透過聯誼讓身價翻倍的女性

TIP 不要太過「被氣氛牽著走」，也不要太過「認真」，或許就是能開心聯誼的祕訣吧？

女性雖然表面上沒表現出來，但不少人心中其實渴望在聯誼中「遇到自己的真命天子」。所以身為男性的你要是隱藏自己已婚的事實，或抱著玩玩的心態、多劈，事後絕對會惹出嚴重的麻煩。即使雙方發展至戀愛以外的關係，用穩重的態度看待彼此相遇的緣分，才是聯誼的鐵則。

女性在聯誼時，雖然一開始會急著想攻下自己喜愛的對象，但結果反而會迷戀上對方。所以不妨先以好好享受聚會的目的為主，如此才更有機會結下好姻緣。還有，千萬不要太拚命，否則和女性朋友間的情誼可能會因此產生裂痕。

禮物（ㄌㄧˇ ㄨˋ）

男

自己樂意時所贈送的物品

雖然男性不討厭送禮，但因為他們無法察覺對方真正想要的東西，所以會很主觀地挑自己覺得好的東西當禮物。相對地，如果有自己想要的東西時，男性會傾向自行購買。

女

傳達心意的贈品

不管是送禮還是收禮，女性都非常喜歡。收到自己想要的東西時會很開心，而收到不是想要的東西時，會因為喜好沒有被瞭解而感到沮喪。

男 重視是否合乎需求的男性

女 重視是否體貼心意的女性哦

TIP 送出自以為適合的禮物時，常常會伴隨著送禮失敗的風險。所以送禮前研究一下對方的喜好吧。

對方絞盡腦汁送來禮物，剛好切中喜好時，通常都會覺得很開心。但如果送出去的禮物只是自己覺得合適，但卻不是對方所希望的東西，多半會導致「你到底有沒有瞭解過我」的抱怨。雖說平時仔細觀察對方的行為，就能輕鬆發現對方真正的喜好，但若覺得有點麻煩的話，就老實詢問對方希望收到什麼禮物也不失是一種方式，也可以當作是追加給對方的驚喜。此外，沒有特別的理由送的禮物，也非常有效喔。

另外，男性喜愛的物品通常都比較小眾，所以女性要選擇真的送到他們心裡的禮物其實並不容易。建議直接邀男性一起出門挑禮物，或者是購買男性自己不會出錢購買的實用品，也都不失是一種方法。

離ㄌㄧˊ婚ㄏㄨㄣ

男

失敗的婚姻

對於在乎保守社會規範的男性來說，離婚是必須極力避免的事，也很難接受「無法維持婚姻」的結果。所以男性基本上幾乎是完全沒有離婚動機的。

女

新人生的開始

重視「結婚」並抱持著理想的女性，才會認為離婚是必要時應勇於為之的事，她們只要決定離婚就不會回頭。這時候就會當作夫妻關係的王牌之一，一旦抓到時機，總是冷不防地會把這件事說出口。

男 從未預想過離婚的男性

女 時常預想著離婚的女性

TIP 對於保守的男性來說，離婚基本上是一種意料之的發展。正因為如此，妻子才會當成王牌。

也有不少女性脫口而出「離婚」二個字是因為一時的情緒使然，丈夫多半會在這時冷處理，若能安撫妻子的情緒，事情通常都可以就此落幕。不過，要是原本就想鬧離婚的妻子突然顯得泰然自若時，很有可能代表妻子正在默默等待適合宣告離婚的時機……

與因為每天的小小不滿而動不動就說要離婚的女性不同，保守的男性基本上對離婚這件事並沒有太大的現實感。所以一旦對沒事就喊著「離婚、離婚」的妻子感到厭煩，久而久之男性說不定也會開始考慮起離婚這件事。所以只要不是真心想離婚，就不該隨便把「離婚」掛在嘴上。

工作 ㄍㄨㄥ ㄗㄨㄛˋ

當男性想要賺錢、提高個人價值、讓自己成長時，工作就是必要的手段。甚至有人當作是玩電玩般地熱衷攻略，至於自己喜不喜歡則是其次的考量。

男

成就某些目標的義務

女

實現自我需求的手段

基本上跟男性一樣，工作以賺取金錢為第一要務，但多半傾向重視「獎勵」。所以期待的是「被當作禮物的工作」「只有自己能做的工作」。

女 希望「為自己工作」的女性

男 可以「為家庭工作」的男性

TIP 女性會希望從事諸如「因為喜歡做麵包而開一家麵包店」的工作，或許今後男性也會朝著這種心態發展吧？

一般而言，男性不會輕易說出工作上的煩惱和喪氣話。如果女性沒有察覺到這點便會解讀成「丈夫喜歡工作」。也因此，所謂的「因為是工作，所以沒辦法」也很可能會被誤會成「自己的時間最重要」。為了避免這樣的狀況，建議在兩人相處時好好地說明「就是因為家人最重要，所以才要工作……」。

而女性對於工作，與最後的成果（收穫）相比，更重視過程（工作內容或職場環境）。希望能找到合乎自己的興趣和專長，若能有一份「為自己量身打造」的工作和工作方式的話，在雙薪家庭日增的現代，男性也慢慢能接受有這樣的觀念。

購ㄍㄡˋ物ㄨˋ

男

完全目的性的購買行為

購物時男性會一口氣完成購買標的物的動作，所以，基本上完全不會享受邊逛邊看的樂趣。而且不管是自己或是他人，男性一旦在選購時猶豫不決，心中反而會產生壓力。

女

探索內心想法的搜尋行為

女性在「我買下去了」的那一瞬間，就能獲得爽快感。不過在到達這個階段前，女性也一樣能從購物過程中感受到樂趣。當一直無法決定是否購買時，就會開始徵詢他人的意見，而且越是討論就越會鞏固購買那個標的物的意志。

男 將買什麼視為重點的男性

女 總是享受購買過程的女性

TIP 當女性詢問「哪個最好？」時，心中通常早就有自己的答案。所以男性只需要配合一下，表現出跟她一起煩惱的模樣就夠了。

女性購物的行為，基本上就是以發洩壓力為主。所以，丈夫與其等得不耐煩，不如好好觀察妻子的興趣，將購物傾向記下並活用於下次購物上，而且用合理客觀的角度觀察過程，也是消磨時間的好方法。如果妻子詢問「哪個比較好」時，建議用「這個看起來比較年輕，那個看起來比較時髦」之類的明確回答。

至於男性則是在決定要購買時，就早已經確認好該物品就是「最佳選擇」。由於男性喜歡先精心挑選，然後再仔細比較，所以這時女性隨便插手幫男性決定，反而會讓男性感到掃興。因此，建議女性可以先離開，到別處逛逛後再回來會更好。

關ㄍㄨㄢ 愛ㄞˋ

男

為大局設想，重視禮節的行動

男性會一邊觀察整體狀況，一邊做出讓人們感到窩心的行動。例如，出外時，對外的招呼等「客套行為」。但跟家人、親近的人相處時，則多半會略過這種事。

女

為大局設想，重視心意的行動

對容易在乎旁人感受的女性來說，這個辭彙是很自然的行為。有時還會因為關懷過度而讓自己感到疲累。如果女性發現有人特別關愛自己時，就會非常感激對方。

男 將親近跟關注劃分清楚的男性

女 從關注中感受到愛護的女性

TIP 就算「魚已經釣到」，還是照樣餵餌。
請用感謝的態度關愛願意被你釣到的人。

雖然很多男性有「釣到手的魚不再餵餌」的傾向，但這只會傷害到女性。換句話說，正是因為成為你的妻子，所以不能用對一般人的方式對待她。即使只是一點心意也好，也要讓妻子感受到你的關愛。請不要忘記女性不管年紀有多大，只要發現自己受到特別的關愛就能從中產生幸福感。

相對地，女性可以準確發覺丈夫對自己的呵護和愛，男性則很不擅長像女性一樣，去察覺整體的氣氛和人們的情緒。所以對於自己放心的對象反而會有漫不經心的情況，如果希望被丈夫關愛時，建議清楚表達出自己的心情吧。

可ㄎㄜˇ愛ㄞˋ

男

想保護某個對象時所表達的情緒

男性在想照顧的對象前，會以這個辭彙來表示對象的柔弱。如果是對女性說出這句話時，通常是基於自認為比對方還要有主導權而脫口而出的。

女

內心受到撩撥時所表達的情緒

除了這個辭彙之外，女性也會用「真完美」、「好漂亮」等辭彙，充分表達出內心的感動。此外，還有「噁心萌」等衍生辭彙。至於在女性被人說好可愛時，是否能對此感到開心，則要看對象是誰而定。

男 認為可愛是一種誇獎的男性

女 自行在心中解讀可愛的女性

TIP 男性通常無法理解女性認為的「可愛」是什麼，
或許男性對感覺做出定義本身，就是很不懂得情趣的行為吧？

許多女性都瞭解當男性用這個辭彙形容女性時，大多是以「居高臨下」的心態。但隨著性格和狀況不同，即使只是打算稱讚對方，但也可能會被解讀成瞧不起或挖苦，因此要盡量注意這種狀況發生。

某些女性聽到自己被說「好可愛」時，會感到相當厭惡，如果妳自覺是這種人的話，不妨先退一步想想，也可以反過來好好利用男性的這種感覺也是不錯的打開彼此互動的對策。只要讓男性將妳視為「想保護的對象」，或許能因此順利獲得幫助，進而讓結果對自己有利。

此外，女性對「可愛」有很廣泛的定義，所以建議男性也要牢記女性有這種習慣。

哭ㄎㄨ泣ㄑㄧˋ

男

羞於顯露的情緒

除了結婚、喪葬等儀式時，否則男性基本上不在人前哭泣。如果真的忍不住時，也會盡快離開現場，在沒人看見的地方流淚。

女

自然宣洩的現象

哭泣是女性強烈思緒的表現，也是能沖刷高漲情感的一種方式。若是擅長撒嬌的女性，甚至會把哭泣當成武器。

女 不會迴避哭泣的女性

男 覺得哭泣是負面情緒的男性

TIP 女性哭泣時，最正確的處理方法就是保持冷靜並且默默守護。說起來雖然簡單，但實際狀況下卻不見得能辦到。

女性哭泣時，不只是因為自己想哭才會哭，其實也是種想從男性身上取得好處時的基本架式。因此必須視狀況，來應對當下女性的感覺是很重要的一環。另外，當哭泣結束，詢問為何哭泣時，通常女性的情緒就已經緩和下來了。但如果直接責備對方哭泣，日後可是會被記恨的喔。

對男性來說，女性哭泣只是一種讓人手足無措的行為，即便純粹的淚水看起來很美，但絕不代表都可以軟化男性的情緒。另外，要是目擊男性本身哭泣時，建議先遠離現場。因為男性多半認為哭泣是種丟臉的舉動。

誇ㄎㄨㄚ 獎ㄐㄧㄤˇ

評價結果的方式

男性給予他人評價的基本要素就是「結果」。雖然他們能在公司裡像是「把合約下來了，表現很好喔」等等，大方地誇獎部下，然而在家庭中卻不清楚如何誇獎家人。另外，男性喜歡被誇獎，這就是促使他們成長的能量。

承認事情正向發展

女性能敏銳察覺細微的變化，彼此聊天時，就會開始互相誇獎，例如「髮型變了嗎」「新裙子好可愛喔」。由於女性喜歡讓人發現自己的努力和變化，所以也希望男性這麼做。

男 以上對下的態度誇獎他人的男性

女 看氛圍來誇獎他人的女性

TIP 家事和育兒的確沒有實際的誇獎標準，但也因為如此才有誇獎的價值！

對於重視結果的男性而言，由於家事、育兒等家庭方面的工作很難看出結果，因此覺得很難在家裡誇獎家人。另外，要是在家裡對妻子說「妳表現的很好」，聽起來就是一種以上對下的口氣。所以請換種說法，用「謝謝妳」就夠了。此外，「妳換髮型了嗎？這樣很漂亮耶」等針對外表變化的誇獎，也能讓妻子心花怒放。

女性誇獎男性時，建議要以「結果」為重點，男性聽了才容易感到心花怒放。例如可以誇獎「全虧你努力工作的關係，我們存款變這麼多了」「謝謝你幫我洗碗，那些碗盤全都亮晶晶呢」，而丈夫聽了也會心想「下次要更努力為家人做事」。此外，在人前或透過第三者誇獎丈夫，更能產生好效果。

合ㄏㄜˊ理ㄌㄧˇ

男

判斷哪些事物應當優先進行的道理

由於男性在工作上常被要求合理性，所以任何事絕不會捨棄「合理性」的判斷。男性不喜歡放任感性和情緒來做決定，這會讓他們覺得失去合理判斷。

女

不近人情到讓人覺得有些麻煩的歪理

雖然女性知道工作等場合要重視合理性，但必須以合理性來處理人際關係及家庭時，就會感到很不愉快。這時女性會認為即使合理，但也不代表適用於實際情況。

TIP 對於重視感性的女性而言是理所當然的事，但對於男性卻會難以理解而產生壓力。

在意結果的男性很重視效率性和合理性。但要是把這種處事態度貫徹在家庭生活上，只會讓在乎心情好壞的妻子覺得囉唆。所以不管在遊玩還是旅行，都要暫且拋開合理性的原則，才能跟全家人一起玩的開心。可以享受某些無意義的過程，透過這種游刃有餘的態度將能獲得新觀點。

至於女性，要瞭解自己無視合理性的態度就是造成男性壓力的來源。因此在這個前提下，建議提議分擔家事等工作時，可以用「想要合理分配」的意見和丈夫討論。比起「都是我在負責伺候你們」等情緒化的說詞，溝通會更有效果。

回憶

男

再次回想起過去的經歷

男性雖然很少刻意回憶自己的過去，不過當他們回顧過往時，通常是再度確認某些事物而已。其中讓自己感到「痛苦」、「後悔」的記憶，會下意識地從腦中刪除。

女

再度想起曾有過的情感

由於女性是以情感記憶自己的過去，所以回憶當初曾發生過什麼事，都會顯得很有臨場感。而這也是為何女性會用「你當初就是這樣……」這類話，追究到底。

老是回想起過去的女性

希望過去就此結束的男性

TIP
「我記得你以前常跟女人糾纏不清！像那時也是……」、
「你怎麼還在說那些～」

通常女性只要有過一段不好的回憶，之後就會三不五時地回想起來。因此，男性最好對女性的這種習慣有所覺悟。這個時候，男性必須理解女性當時的情緒，或是從一開始就該預防女性想起過去不好的回憶。

相反地，男性由於習慣忽略不好的回憶，所以，女性要小心自己的言行是否會觸碰到男性回憶中的痛處。因為男性會從言行中回憶起發生在自己身上的「壞事」，進而表現出不安的情緒。如果希望對方可以關心詢問的話，最好主動將讓自己不安的真實感受，直接表達出來。

喝ㄏㄜ 醉ㄗㄨㄟˋ

男：生活中不可或缺的發洩時光

對某些沒有其他管道可以發洩壓力的男性來說，最常見的抒壓方式就是一醉解千愁。不管喝酒是因為開心還是難過，都會希望依靠酒精的力量。

女：感受到特別感的享受狀態

女性會因為結婚、生產而減少喝醉的機會，但這期間的女性也一樣會渴望偶爾喝點酒。所以一看到丈夫爛醉如泥的樣子，就會覺得不公平而無法接受。

女 偶爾也想喝個爛醉的女性

男 不想看到妻子醜態的男性

TIP 如果夫妻兩人可以一起把酒言歡、消除壓力，或許也堪稱為人間極樂吧？!

其實就連女性也偶爾會想喝個痛快。由於女性喝酒的分量會跟壓力成正比，所以，要是你不想看到妻子爛醉如泥的樣子，最好平時就要努力減輕她的壓力。另外，你也可以用關心妻子的態度表示「我好擔心妳」。如此一來，妻子就會比較容易把你的勸說聽進去。

相對地，換成男性喝醉酒時，或多或少也曾聽妻子抱怨「可以替別人著想嗎！」但其實妻子是因為擔心及關愛使然，建議別只是光聽妻子表面上的抱怨，而是多想想妻子真實的心情，說不定你就可以從中體會到妻子的溫柔。

懷孕（ㄏㄨㄞˊ ㄩㄣˋ）

♂ 男

讓自己持續慌亂的時期

雖然離孩子出生的日子還很遙遠，但丈夫還是會常常對妻子的改變感到困惑，只能不斷安撫妻子的情緒變化。由於不知如何是好，所以在尋找解決之道時，會花費許多時間摸索。

♀ 女

看透丈夫本性的時期

女性懷孕時，隨著身體的變化，情緒起伏會跟著產生劇烈波動。在這個時期，有的女性會重新認識丈夫對自己的愛，有的女性則會對丈夫幻滅。

女 希望能停止不安的女性

男 除了困惑還是困惑的男性

TIP 懷孕時的女性正處於無法自我控制的時期，因此必須阻止妻子雲霄飛車般的情緒。

請男性捨棄「懷孕、生產是女人的工作」這樣的想法，並且積極學習照顧懷孕時妻子的身心變化，這樣就能有自信安撫情緒不穩定的妻子。在這個時期，如果你能獲得妻子的全面信賴，也能為將來的夫妻幸福度大大加分吧。

至於女性，要理解男性在這個時期也一樣會感到不安。因為這對男性來說畢竟是未知領域，所以除了仔細閱讀與懷孕相關的照護書籍外，努力和丈夫一起前往新手爸媽教室學習照顧寶寶的知識也同等重要。如果丈夫能因此成為妳最可靠的孕期幫手，那也能讓自己的懷孕日子更加輕鬆。

加油 ㄐㄧㄚ ㄧㄡˊ

男

為了獲得成果而付出的努力

對男性來說，加油就是為了在比賽獲得勝利、考上志願學校、在公司裡升官等各種成果而做出的行動。至於在家中，家人的認可和感謝就是讓自己加油的動機。如果沒有取得預料中的成果，就會變得沮喪。

女

為了體驗過程而付出的努力

由於女性會在行動過程中觀察到價值，所以也多半會輕易用這句話鼓勵正在行動的他人。有時就算沒有獲得成果，還是能夠獲得滿足。

男 認為沒成果就沒意義的男性

女 認為過程也很重要的女性

TIP 雖然「努力加油」卻只拿到第二名，因此感到不甘心的男性，以及因為「自己努力過」，所以拿到第三名也很滿足的女性。

比起取得成果，女性更重視過程。而男性普遍有「得不到成果就沒有意義」的思維，但也同時認同不管結果如何，「努力過」也很重要的觀念。要是忽視這一點，那麼無論說什麼都只會產生反效果。

至於女性，要試著理解男性「總是在意成果」的想法，以及得到成果時「渴求他人認同」的習慣。當男性因為獲得成果而喜出望外時，就要大方地稱讚「成功了呢！你好厲害喔」，跟他一起享受成功的喜悅。相反地，要是男性沒有獲得成果並感到沮喪時，最好的方法不是方法拙劣地安慰他，而是暫時讓男性獨處一段時間。（請參閱本書的第一〇二頁「沮喪」）

沮喪 ㄐㄩˇ ㄙㄤˋ

男性沮喪時有自己的理由，只要不解決，情緒就無法復原。如果隨口安慰「沒事的」，反而會讓男性無法接受，甚至還會讓他們的內心感到不快。

男

正視問題，並希望他人不要打擾自己的狀態

女

情緒消沉，並希望他人鼓勵自己的狀態

女性陷入沮喪情緒時，厭惡尋找讓自己沮喪的原因以及接受解決問題的建議。正因為如此才要人陪伴在身邊，平復情緒，就能因為感受到愛而恢復精神。

男 希望他人不要介入情緒的男性

女 希望他人可以呵護自己的女性

TIP 當丈夫沮喪時，請克制住想過去安慰的衝動，默默等他振作起來才是體貼男性的作法。

妻子沮喪時，守在她身旁並對她們的意見有同理心就是安慰的重點。在女性瞭解到自己的身邊有同伴後，除非具體諮詢「我該怎麼辦」之類的問題，一般不需要提供建議和解決之道。當然，分析妻子到底錯在什麼地方也是絕對禁止的，因為這等於是落井下石，會讓夫妻關係惡化。

至於男性沮喪時，通常心中都會希望他人不要介入自己沮喪的情緒。因為男性多半不想被他人看到自己懦弱的模樣，所以暫且不管他們才是體貼的作法。建議為沮喪的丈夫準備豐盛的大餐，並且對他透露出加油或感謝之情。

紀ㄐㄧˋ念ㄋㄧㄢˋ日ㄖˋ

曾發生過重要事情的日子

過去的事情，不過只是單純的回憶。雖然男性會記得重要事件的發生日，但不認為跟現在有關聯，也因此會馬上忘記。

能回憶起重要事情的日子

女性很喜歡回顧至今為止的人生，所以不但無法忘記曾發生過重要事件的日子，也希望能一直懷念意義特別的日子。

男 認為「未來比過去重要」的男性

女 認為「有過去才有現在」的女性

TIP 建議先在月曆上記下紀念日的日期，這樣就不用擔心忘記了。

男性對紀念日有敷衍的傾向，但彼此若對紀念日的行程有共識的話，就能讓妻子平時的不滿一掃而空，因此是必須有效活用的計策。女性多半想要的就是平日沒辦法滿足的對話，所以請把紀念日的重點放在好好的跟妻子聊天。只要能做好這一點，就等於是為往後安穩的生活打基礎。

還有，就算丈夫忘了紀念日的時間，也跟他愛不愛妳無關。與其為丈夫忘了紀念日的事生氣，不如自己主動提議紀念日的行程會更有建設性。只要讓丈夫覺得是在規劃「未來」，就能引起丈夫的興趣。

寂ㄐㄧˋ 寞ㄇㄛˋ

男

自己不被眾人所理解時的情緒

對男性而言，沒人理解自己的想法就是最痛苦的事。要是沒有人理解自己，倒不如從此獨自一人還樂得輕鬆。

女

一直陪伴在身邊的情緒

女性平時會莫名產生出這種情緒。女性雖然有時會不承認「自己是個寂寞的人」，但也有些人在孤單一人的狀況時，卻又不見得能發覺自己其實很寂寞。

男 難以理解妻子而寂寞的男性

女 無來由地感到寂寞的女性

TIP 某些男性出外雖然需要面對許多敵人，
但回到家中，還有另一位敵人……嗎?!

女性所謂的「寂寞」，大多都是難以釐清真正的原因，並且在毫無意義的情況下感到寂寞。建議男性將這種傾向理解為女性容易對寂寞的心情敏感，所以當你聽到女性說「好寂寞」時，比起積極詢問出寂寞的理由，陪在女性身邊加以安撫會更優先。

男性即使出外習慣應付各種場合上的對手，可是一旦發現跟自己最親近的妻子「不想理解自己」時，心中就會湧上強烈的寂寞感。所以為了使丈夫感到安心，成為他不離不棄的後盾、獨一無二的紅顏知己就是妳每天要努力做好的任務。千萬別讓丈夫把身為妻子的妳當成這輩子最厭惡的敵人。

減肥

除非有必須顧及健康的原因，否則男性對自己的肥胖身材不會有太大警覺心。此外，雖然男性不會輕易說出口，但對女性的身材變化卻意外地敏銳。

男

為了健康而進行的食物攝取、運動管理

女

為了美容而進行的飲食控管、運動管理

當女性想維持體態時，會經常確認自己是否該進行的行動。女性會嘗試各種減肥方式，甚至當成一項興趣。由於會很在乎丈夫的身材變化，所以看到丈夫的身材走樣時，就會越來越失望。

男 不在乎自己身材的男性

女 非常在意自己身材的女性

TIP 看著妻子準備好的健康料理，丈夫心裡卻計畫明天去享用豐盛的午餐。就讓我偶爾放縱一次嘛！

其實女性在乎自己身材的程度，遠超過男性的想像，所以男性最好不要發表對於女性身材的意見。若身邊的女性因減肥而出現焦躁情緒，讓害怕踩到地雷的你覺得自己太過小心翼翼時，請對她們說「比起減肥而心情不好的妳，我還比較喜歡原本開心的妳」。相反地，如果你希望女性能主動減肥時，建議經常帶她前往必須打扮外表的場合會比較有效。

另外，如果身為妻子的妳嚴格要求丈夫瘦身時，很有可能會因為丈夫根本不在乎自己的身材走樣，而讓整個減肥計畫功虧一簣。若妳希望丈夫能乖乖地繼續減肥，溝通時不要強調「外表是否美觀」，而是要著重在「維護健康」，如此才能順利說服丈夫。

結婚 ㄐㄧㄝˊ ㄏㄨㄣ

日常生活的開始

男性只有一開始才會認為結婚是戀愛的延續，但經過甜蜜的戀愛後，就會認為自己要負起責任、覺得自己有義務維持日常生活，並且默默地接受這個現實。

理想結局的目標

由於女性會強烈地對結婚抱持著如此看法，所以婚後通常會很失望。一旦發現婚後的現實生活不如理想中的還要美好，不滿的想法也會更加強烈。

男 與現實妥協的男性

女 基於理想而在意婚姻生活的女性

TIP　認為生活能更輕鬆的丈夫，以及想過著精采生活的妻子。雙方究竟能妥協到什麼地步呢？

女性和淡然面對現實的男性不同，容易被自己婚前描繪的理想「婚姻生活」誤導。所以當發現現實裡的婚姻生活不如理想時，就非常有可能每天鬱鬱寡歡。在完全放棄理想後，對丈夫的態度也就會變得更加不在意。如果不希望自己的妻子變成這樣，請記得在妻子的生日、紀念日做好以前談戀愛時一定要有的甜蜜準備。

至於女性，比起每天惦記著燒菜、洗衣服、帶孩子，平時要更投入能讓自己感到開心的活動。還有不要用「身為丈夫就該如何」的觀念要求丈夫，而是要用「如果你能這樣我會很高興」等「請託」的形式跟丈夫溝通。身為男性的丈夫聽到妳的拜託後，做起事來就會變得比較主動，結果也會更圓滿。

嫉ㄐㄧˊ妒ㄉㄨˋ

男

不想被人發覺的憤怒心理

由於男性在計較勝負的場合中不會輕易認輸，所以輸掉的時候通常會用沉默、憤慨的形式表現出來。雖然男性嫉妒的頻率比女性還低，不過當他們嫉妒時，不會因為男女有別而手下留情。

女

不經意流露出的羨慕心理

對於常跟他人比較的女性而言，這種情緒的發生是很家常便飯。即使只是一不留神地脫口說出對「擁有自己沒有的事物」感到羨慕，但同時也會包含著嫉妒的想法。至於女性嫉妒的對象則是壓倒性地以女性為多。

男 不想被人發現自己正在嫉妒的男性

女 透過嫉妒測試愛情的女性

TIP 這位正在微笑的丈夫看到妻子故意要讓自己吃醋後，也許內心的嫉妒情緒正準備爆發了。

當妻子開始嫉妒他人時，由於會執拗地將自己與對方作比較，因此丈夫最好多利用「妳才是最優秀，沒人比得上妳」等辭彙，好好安撫妻子的情緒。另外，雖然有些女性會故意做出讓男性妒火中燒的言行，但這通常是想測試你到底愛她有多深。在這個情況下，可以裝出嫉妒的模樣，算是作為丈夫的一點心意。至於女性，要小心自己會過度挑撥丈夫嫉妒的情緒。因為男性很容易計較輸贏，一旦丈夫出現「我一嫉妒就代表我已經輸了」的想法，因敗北而產生出的憤怒甚至會波及到妻子。

建議

男

值得感激的建言

男性最喜歡提出自己的建議。在自己需要幫助時，也很喜歡聽取他人的建議。而且通常越是有邏輯、能明確化解問題的建議，越喜歡。另外，在容易接納建議的情形中，男性也會把聽來的建議，與其他人分享。

女

沒有必要的插嘴

女性雖然經常詢問大家所謂大眾認知下的「客觀判斷」是什麼，但內心其實並不打算接納。若是被強迫接受其他人的觀點，反而會覺得對方很不識相。

男 總是追求確實性和理論性的男性

TIP 本來只是想聽一點建議，但有些男性卻會開始猛提當年勇。要是不想聽的話，最好事先講明。

女 與其聽取建議更想心意相通的女性

女性要的不是認真討論解決之道，而只是想「兩個人共同討論」而已。當妻子或女友說「你有什麼建議」時，基本上只要肯定並接受她所展現出的心意，就能讓她感到放心。千萬不要以自己的想法為中心，開始肆無忌憚地長篇大論，又或是把重點放在批評妻子的意見。因為在由女性主動要求建議的情況下，發問的女性其實心中已經有候選的答案，所以沒必要一直拚命提供解決方法。

相反地，當女性在聽到男性需要建議時，只要確實從理論的角度說明自己的看法，就能輕鬆讓男性聽進建議。但是，要避免提供半調子的建議內容，或隨便附和男性的意見，這樣只會招致男性的反感。

家事 ㄐㄧㄚ ㄕˋ

男

有人拜託才會去做的家庭工作

雖說有所謂的「家庭主夫」，不過基本上家事還是大多都是女性最擅長的領域。對男性來說，家事雖然是只要有人要求就會去做的事，但卻不是想主動去關注的領域。

女

不得不做的家庭工作

雖然女性也認為家事並非只有女性才要做，但若不完成卻會產生罪惡感。即使要丈夫分擔家事，但是丈夫處理家事的方法卻會讓自己不滿意，到最後自己還要把他們做過的家事重做一遍。

男 沒人拜託就不做家事的男性

女 看到丈夫不會察言觀色而生氣的女性

TIP　妻子也一樣會認為家事處理起來很麻煩，
如果丈夫總是像小孩一樣不管家事，很有可能讓妻子的怒氣爆發！

很多男性就算看到妻子忙著做家事，也不會立刻起身幫忙，而且這種狀況可說是家常便飯。而且妻子雖然總是對如此不機靈的丈夫感到煩躁，但偏偏男性原本就有「不擅長察言觀色」的習性。所以，當妳需要幫忙時，請具體告訴丈夫「這項家事希望由你來做」。如果全交給丈夫處理，就不要有太多抱怨，就算結果不盡理想，妳下次還是要秉持再接再厲的精神委託丈夫。只要透過誇獎和感謝，丈夫就能變得越來越會做家事。

至於男性，在另一半說不用幫忙做家事也沒關係時，千萬不要傻傻地跑去打手遊，這麼做無疑是直接踩妻子的地雷。要是你不擅長做家事，至少也要幫忙照顧小孩，在能力所及的範圍內服務家人，就是解決這個問題的祕訣。

價ㄐㄧㄚˋ值ㄓˊ觀ㄍㄨㄢ

社會生存的判斷標準

男性的價值觀包括了親子間的距離感、小孩的教育方針、使用金錢的觀念等與人生觀方面的概念。而男性也理解自己的價值觀和他人相比，多少會有不同的標準。

維持生活的規則

諸如睡前的空調溫度設定、收納的訣竅、垃圾分類等生活上所有的規則，都會成為女性的價值觀。而且女性的婚後生活越久，只要看到家人難以照著規則生活，就越會讓她們感受到壓力。

女 老是會抱怨不同價值觀的女性

男 能寬容以對不同價值觀的男性

TIP 「你上完廁所後居然沒把馬桶蓋蓋好，
完全無視其他使用者的觀感。我和你的價值觀實在差太多了！」

當妻子或女友說出「我和你的價值觀不同」時，身為男性的你也許會當場嚇一大跳。不過別擔心，通常女性所說的價值觀多半指的是生活上的規矩，程度大概是下班回家後是否會馬上換衣服等等。雖然不太可能發展為嚴重的事態，但這也表示你遵守生活規矩的情形讓妻子或女友產生重大的心理壓力，所以請立刻瞭解她們究竟想要你改善些什麼。

而男性所認為的價值觀是層級比較廣泛的觀念。由於對不同的價值觀有較大的容忍度，只要自己稍微能接受，就不會太在乎細節。當丈夫說彼此的「價值觀不同」時，就代表雙方的關係已經進入非常危險的地步，最好盡快安撫丈夫的心情！

前男友／前女友

（ㄑㄧㄢˊ ㄋㄢˊ ㄧㄡˇ／ㄑㄧㄢˊ ㄋㄩˇ ㄧㄡˇ）

男

過去的情人

彼此的戀愛關係結束後，基本上等於已經劃清界線了。但要是雙方還維持著藕斷絲連的關係，大多是男方的個性太溫柔，導致無法割捨以前的女友。

女

很瞭解自己的異性

對於女性來說，能在戀愛中發洩各種情緒的對象是讓人安心的存在。如果可以跟前任和平分手，就會希望他能成為願意傾聽煩惱的異性朋友。

男 對女性友人體貼的男性

女 覺得男性友人也很可靠的女性

TIP 把前男友當成「朋友」介紹給丈夫，卻不知道丈夫無法接受這層關係。

雖說許多女性跟前男友分手後，還會希望跟對方繼續保持朋友關係，然而她們卻很不樂見現任男友、丈夫跟以前的情人糾纏不清。如果你很重視目前的女友、妻子，最好還是跟以前的情人保持距離。

雖然女性會想跟曾經認識過的人長期維持交情，但既然妳單純只是跟「女性友人」、「男性友人」有良好的往來，那就不用特別跟目前的交往對象強調對方是「前男友」或「前女友」了。

不管你是男是女，當交往的對象依然把以前的情人「視為朋友」時，如果你對這種關係感到不滿，最好還是坦率地把這種想法說出來。

心情

男

一時之間的情緒變化

因為男性擅長隱藏內心的情緒，所以自身的行動不會被自己的心情影響。尤其在工作場合裡，會告訴自己不該在職場上顯得太情緒化。

女

會影響到所有行動的情緒起伏

正所謂女人心海底針，女性的情緒變化很難讓人摸透。這種影響不只會反映在性格上，甚至還會影響到生理健康。也因此，當女性的心情很好時，也會產生出乎意料的力量。

女 無法控制心情的女性

男 擅長控制心情的男性

TIP 當女性的情緒開始不穩定時，
男性最想避免的就是給不相干的人添麻煩。

女性的心情常常說變就變，許多男性也因此感到難以招架。不過女性的心情多半會受到內分泌影響，所以男性必須體諒這個不可抗力的因素。因此在這個前提下，男性就要扮演好安撫情緒的角色，以開闊的心胸接受情緒不穩的妻子。

至於女性，要對容易被「情緒影響」的傾向有所自覺。建議在私底下對情緒控管作好事前練習，例如預先演練特定情緒下的自處模式，或是煩躁時的情緒控制。當妳可以掌握好情緒時，不但能讓自己和他人溝通順利，人們在跟妳交流時也會輕鬆不少。

享受嗜好的時間

男

就算再忙也要確保好的個人時間

男性認為這是繼工作、照顧家庭之外，不可或缺的休息時間，所以會盡力確保自己能享受這個時間。由於有些嗜好會花上不少錢，要是家人無法理解、不斷指責時，丈夫就會對家人的態度感到不悅。

女

忙完正事後再享受的個人時間

雖然這個時間一定會讓人很開心，但進行的順位還是會排在工作和照顧小孩的後面。尤其在自己的孩子還很年幼時，女性的嗜好通常會等同於育兒。

男 以嗜好為第一優先的男性

TIP 由於夫婦雙方都需要有喘口氣的休閒時間，所以互相尊重嗜好才是最理想的相處之道。

男性只要熱衷於某種事物後，眼中就不會有其他事物。雖然從工作、家庭中解放，沉浸在個人的小天地、和其他同好交流是不錯的娛樂，但還是得顧及家庭關係上的和樂氣氛。對此，你的嗜好一定要先獲得家人們的理解，建議在埋首於嗜好的同時，也要注意自己是否有好好地幫忙做家事。另外，你也要讓妻子有生活上的空檔能安排自己的休閒時間。

另外，女性要諒解男性有重視嗜好的傾向。因此建議主動提出雙方都能受益的時間安排，例如白天可以讓丈夫全心於嗜好上，晚上則是要丈夫陪孩子一起洗澡。只要妳自己也能樂在其中的話，就能用輕鬆的心情看待丈夫的嗜好了。

女 嗜好是女性犒賞自己的要素之一

幸福 ㄒㄧㄥˋ ㄈㄨˊ

男

沒有不滿的狀態

男性對這個辭彙和女性有截然不同的想法，而且也不會太執著。對他們來說，在社會上自己是否有普通以上的收入、家庭狀況，就能確認自己是否過得幸福。另外，要是家中妻小覺得生活過得好，男性也會覺得自己很幸福。

女

不斷累積的好心情

吃美味的食物、做自己喜歡的事、看見美麗的事物等等，都能讓女性沉浸在幸福的時刻。只要女性可以保持好情緒，即使遇到一些瑣碎的缺點也能覺得無所謂。

女 從感覺中發現「幸福」的女性

男 從狀況中發現「幸福」的男性

TIP 在平凡無奇的日子中收到一束花，也能被女性視為人生中幸福的際遇。

女性的「幸福」，是由心情的變化所構成。就算是一點小事，都能讓女性感受到「幸福」。比方說在平凡無奇的日子裡，只要收到他人的花束或蛋糕，就能因此開心一整天。由於這種日積月累的小確幸，就算平日難免會有一些不滿，也能因此產生出「其實我還蠻幸福」的想法，進而對現實感到滿足。

反觀男性，因為對幸福的定義較為籠統，所以基本上只要沒有感到不滿就會認定自己很幸福。通常在「沒有感到不滿」的狀態中，男性會更重視相關狀況是否能定義自己很幸福，而且可證明自己很幸福的狀況大多是「自己的工作很順利」「家中的妻兒很健康」等等。

性ㄒㄧㄥˋ愛ㄞˋ

肉體方面的快樂

性愛確實是必須跟戀人一起進行的重要行為，但男性還是認為彼此沒有愛情也能進行，又或是認為就算沒有跟戀人進行性行為，也不代表彼此之間沒有愛情。基本上男性會將性愛跟愛情視為兩件事，不會混為一談。

確認彼此的心靈契合的肌膚之親

對身體擁有懷孕、生產功能的女性而言，這是非常重要的行為。基本上女性只想尋找可以信賴的對象來完成這件事。另外，若不是基於愛情而進行的話，女性也會對後果感到不安。

男 認為性跟愛是兩件事的男性

女 認為性跟愛關係緊密的女性

TIP 有時也可以使用將孩子交給親戚照顧的絕招，
夫婦就能一同享受兩人時光了。

由於女性的性欲會隨著懷孕、生產而大幅降低，所以這個時期的丈夫容易因為想發洩性欲而出外拈花惹草，直到妻子發現後再被怨恨一輩子，因此身為男性要特別注意這個時期。

另外，男性的性欲強弱會跟平時心理的輕鬆程度成正比。如果妳發現丈夫對妳性趣缺缺時，請先別急著煩惱丈夫已經不愛妳。妳最該做的就是扶持丈夫的事業，以及不要捨棄身為女性的自己，還有盡量在家中營造出輕鬆的氛圍。

即使沒到必須做愛的地步，但只要雙方頗有興致而且還能提昇婚姻的滿足度，那就進行也無妨。請好好珍惜彼此的相處時光吧。

信(ㄒㄧㄣˋ)用(ㄩㄥˋ)

男

作為人而受到尊重的社會價值

有信用等於在社會上確立自己的存在和地位，因此男性會在同儕、公司、客戶等關係裡用心維護信用。對男性而言，「可以信賴的人」就是最高層級的讚美。

女

足以信賴的狀況

女性雖然不至於會做出讓自己沒有誠信的事，但她們其實也沒有很重視信用。雖然基本上會告訴丈夫「我相信你」，但卻容易因為最近的行為和自身情緒而輕易推翻。

四聲．九畫

認為「信用」應該視狀況而定的女性

因為不被「信用」而難過的男性

TIP 想當一個「好爸爸」就該累積自己的信用，
因此女性也要用開闊的心胸讓丈夫建立自己的尊嚴。

對女性來說，「信用」是「信賴」的近義詞，而且還會加上「期待」這層涵義，因此當女性發覺現實的發展不如自己預期時，當場怒嗆「你這個人根本沒有信用」的狀況並不少見。但男性越是思考這句話，就越會認為沒有太大的意義，結果反而不把女性的不滿放在心上。如果你想避免兩人的關係就此產生裂痕，建議回答女性「抱歉，讓妳失望了，下次我一定會努力實現妳的期待」，就可以安全化解誤會。

至於女性則是要避免用輕佻的態度對丈夫說「你這個人真沒信用」，因為這句話對男性而言，等於是否定他全部的價值，而且他也會無法忘記這句話所帶來的羞辱。

信件 ㄒㄧㄣˋ ㄐㄧㄢˋ

記載要事的文件

除了商用文件或必須記錄下來的事情，男性通常沒有書寫的習慣。至於他們親手收到信件時，會產生沒有根據的預感，認為裡頭有什麼極為重要的驚人內容。

傳達真正心意的方法

女性認為寫信就是以文字表現心中真誠的想法。所以有時會覺得信中的內容沒有謊言，而且以後還會想拿出來再三閱讀。因此每當女性收到信件時，都會感到很開心。

男 不擅長寫信的男性

女 很喜歡收信的女性

TIP 只要能跨過讓自己害羞的高牆，親手將重要的情書遞給妻子或女友，你們的愛情就能急速升溫！

信件是可以重複閱讀的文件。女性收到充滿愛意和感謝的信件後，每當再次拿出來閱讀時，就會進入充滿幸福的狀態。雖然許多男性不擅長寫信，但作為讓夫妻感情加溫的手段，其實還是能收到意想不到的效果。哪怕只是簡單一句話也好，在重要的日子裡試著寫一封信給妻子吧。

當妳收到男性的信件時，若發現內容完全感受不到誠意，請先不要太失望。畢竟大部分男性都不擅長寫信，所以不要用太高的標準看待。此外，由於男性認為親手寫信就帶有鄭重其事的意味，所以當妳需要傳達不是很重要的訊息時，用手機傳訊息會比寫信還適合。

協助 ㄒㄧㄝˊ ㄓㄨˋ

男

平等分擔勞動

男性不認為只是「伸出援手」的程度，當他們說出這個辭彙時，就表示自己打算跟對象公平付出勞力。另外，也會事先溝通好彼此必須使出全力完成工作。

女

分擔情緒上的感受

比起提供勞力，彼此的心意相通才是女性認為的重點。因此沒有勞動身體，單純只有聲援，也會被女性視為是「協助」的一種。

男 認為有展開行動才算「協助」的男性

女 認為陪在身邊就算「協助」的女性

TIP 雖然認為自己正在跟丈夫一起合作，
但丈夫還是會想說「怎麼都是我負責動手」。

很多男性即使產生想幫助妻子做家事的念頭，但自己的時間安排卻難以隨心所欲。這種情況下，至少也要說聲「真的很抱歉，不能在麻煩的家事上幫到忙」，以此表示一點心意。只要能稍微對麻煩的家事表達出同理心，妻子不滿的情緒就會比較和緩，甚至有可能把產生同理心的過程理解為「協助」的形式之一。

身為妻子的妳需要丈夫的協助時，請一定要具體說出任務內容，例如「我希望你幫我洗衣服」等等。此外，如果換成是丈夫向妳尋求協助時，也要講明自己只會幫到相應的委託範圍內。要是一點也不想動手幫忙時，至少用言語上的應援來為丈夫加油吧。

喜ㄒㄧˇ歡ㄏㄨㄢ

男

展現不虛假愛意的場合

瞬間發生的感情。雖然一般會覺得這個瞬間將會永遠持續下去，但對男性來說並不只是這個瞬間，因為這種愛意也與性衝動這樣的情緒有關。

女

能長期持續的愛意

戀愛經驗越少，女性就越會視為神聖般的話語，而且還會被這種觀念影響一段時期。對女性來說，喜歡這個辭彙不只能用在異性上，也能對其他對象表達自己產生出喜愛的感受。

男 在一瞬間「喜歡」的男性

女 持續保持「喜歡」的女性

既然你喜歡我，
就跟我結婚呀！
但這跟我說的
是兩碼子的事～

TIP 請別忘了「喜歡」二字，
對女性來說是很重要的話語。

對女性而言，「喜歡」是具有絕對意義的辭彙。要是你被性愛衝昏頭而隨便使用這個辭彙，日後肯定也會遭到嚴重的反擊。因此不能輕易說出口的「喜歡」，建議每天用在自己真心喜愛的女性上。畢竟女性是一種會期待他人用言語對自己表達愛意的生物，所以「自己正被人喜歡著」的事實將能成為女性的能量。

至於男性，由於他們瞭解自己的喜歡「只在那一瞬間」，所以即使男性親口說出「喜歡」，但心裡其實並沒有很重視其中的意義。不過，就算他們沒有親口說出「結婚」，但只要有「結婚」或「為了家庭出外打拚」的事實，就足以代表他們對家人的愛。因此，請妳努力發現丈夫用行動來表現出的愛意吧。

謝ㄒㄧㄝˋ謝ㄒㄧㄝˋ

男

打從心底的真摯感謝

這是對象越親近，越是讓男性不好意思開口說出來的一句話。也因為說這句話會讓男性感到害羞，所以當男性決定對家人說出來時，也代表已經是自己傾注內心所有的真誠感謝。

女

稍微認同對方的存在

由於女性不認為這是羞於啟齒的話語，所以當對方沒有說出口時，就會認為自己被對方視為不值得感謝的人，並感到不高興。此外，因為這句話比較不會被女性一直放在心上，所以女性就算經常被人感謝，也不會覺得這句話有什麼稀奇的。

男 聽到謝謝你而活力百倍的男性

女 聽到謝謝你而感到開心的女性

TIP 然女性很會察言觀色，但要表達感謝之意時，最好不要把「謝謝」二字藏在心底，畢竟我們都沒有心電感應。

對女性來說，「謝謝你」不管聽幾次都會讓人感到開心。或許，這句話讓男性羞於啟齒，但只要習慣後就會發現跟家人道謝，其實出乎意料地簡單。所以不妨用自己都覺得囉唆的程度，頻繁地對妻子或女友道謝吧。這麼做絕對能讓她每天都有好心情。

至於女性對男性說「謝謝你」，也一樣可以讓他們心情好上一整天。雖然男性只要一被感謝，就容易得意忘形，但養成對丈夫或男友說這句話的小習慣，可以讓他們更有精神，甚至能讓他們自動幫忙做家事。大方地說一句「謝謝」，絕對能讓你的家庭更加圓滿和樂。

正確（ㄓㄥˋ ㄑㄩㄝˋ）

事情能夠合乎道理

男性會檢視合乎道理的標準是否跟自己的邏輯互相衝突。如果自己的邏輯被合乎道理的標準否定時，就會開始生氣、難過。

根據狀況的不同，有不同的標準

女性的對錯標準會較有彈性，通常不會太堅持是否合乎道理。另外，女性在判斷對錯時，也很容易受到身邊建議的影響。

男　要「正確」不可撼動的男性

女　讓「正確」產生變化的女性

TIP　面對男性不可動搖的「正確」，女性就只有詞窮的份，然而這並不代表女性已經心服口服。

對男性來說，只要他們認為是「正確」的意見，就由不得女性推翻。但女性重視的不是道理是否正確，而是自己在情感上到底能不能接受事實。所以男性在跟身邊的女性爭辯時，別忘了也要顧及女性的心情。

由於男性很重視邏輯性，因此當妳陷入跟男性爭辯的場合時，千萬不要讓自己的情緒失控，唯有保持冷靜才可以讓自己把話聽完整。也不要想用一句話全盤否定男性的意見（例如「你說的通通都是錯的」）。而是要以退為進，用「我想你說的沒錯，但我有不同的看法」之類的話，提高讓男性接受意見的機率。

賺ㄓㄨㄢˋ錢ㄑㄧㄢˊ

男

男性認為想要不被人嫌棄，全心全意地賺錢就能讓人生、夫妻關係一帆風順。相反地，當自己出現不好的狀況時，就會覺得原因出在錢賺得不夠多。

透過工作賺取滿足周圍人們需求的金錢

女

獲取維持生活開銷的金錢

女性瞭解只要有錢就能成就許多事，但同時也瞭解金錢並非萬能。雖然也會在某種程度上，以金錢衡量男性的價值，但也會慎重考量其他能力。

男 為了鞏固尊嚴而賺錢的男性

女 不希望丈夫只顧著賺錢的女性

TIP 妻子希望的不只是衣食無缺的生活，
也希望丈夫能夠珍視自己的家庭。

通常已婚的男性會打從心底認為自己賺錢養家，就能看到妻子滿足的表情。不過成為一個會賺錢養家的好丈夫，不等於妻子會滿意家庭生活。當然，要是丈夫強調「賺錢養家的人是我，誰都不准有怨言」的話，就是另一種狀況了。

相反地，女性必須理解男性想透過「賺錢」來建立自尊的心態。因此，絕對不要在丈夫的面前比較其他家庭的經濟狀況，或是用訕笑的態度爭辯誰為家庭付出最多。

建議夫妻雙方要在工作、家事分配的問題上相互諒解，而且一有機會就要向對方用言語表達出感謝之情。

出人頭地

ㄔㄨ ㄖㄣˊ ㄊㄡˊ ㄉㄧˋ

♂ 男

掌握名譽和權力

雖然每個人為了出人頭地會犧牲原本各自擁有的事物，但這個目標也的確是男性努力工作的動力。如果男性在自我實現的過程中能將工作當成娛樂，甚至可以如魚得水般地樂在其中。

♀ 女

增加責任

由於女性不像男性會特別渴望名譽和權力，所以談到升官通常不會要求太多。通常女性在職場上能升官，會希望自己能獲得更穩定的生活和更優渥的財富。此外，有些女性是屬於望夫成龍型，總是希望丈夫能出人頭地。

男 將出人頭地當成「提升等級」的男性

女 對出人頭地有「複雜心結」的女性

TIP 其實妻子不希望放任丈夫在外只顧著拚命工作，她們比較在乎丈夫可以分擔家庭責任，以及薪水是否變多。

雖然男性認為自己出人頭地能討妻子歡心，但要是為了出人頭地而忽略家庭，妻子也許反而會覺得討厭。但不管如何，當你出人頭地後最好別在妻子面前太過自負，而是要強調有家庭對自己的付出，才能有今天的成就。

許多女性認為自己的責任會隨著丈夫出人頭地而增加，因此看到丈夫升官時都會產生出複雜的心境。雖然多少會覺得「既然出人頭地了，那也代表丈夫也會加薪」，但有些工作，升職不代表薪水會跟著變多。要是丈夫升官時顯得很開心，那妳一定也要跟著慶祝。因為丈夫在得到家人的認同後，就不會想靠工作逃避家庭責任，多少可以降低丈夫成為工作狂的風險。

出門前的準備

♂ 男

準備好自己的東西

多數男性只需要準備好自己的東西，所以馬上就能出門。基本上男性最討厭等待，所以看到女性慢慢準備時，就會感到不耐煩。另外，男性也很討厭他人不守時的習慣，但這不表示男性一定會嚴格要求自己守時。

♀ 女

準備好自己和家人的東西

相較於男性，女性出門前會花費更多時間來準備更多東西。因此，就算不是有意為之，卻還是常常無法遵守時間。

男 無法理解女性準備過程的男性

TIP 若所有準備都是交給妻子處理，那麼拖延到時間也是理所當然的結果。因此夫婦兩人還是多少分工一下吧。

雖然光是等待就會讓男性感到非常不耐煩，但身為一家之主還是必須諒解妻子會花比自己更久的時間做出門準備。當孩子的出門準備全都丟給妻子處理時，若你還抱怨自己等得不耐煩，那麼妻子肯定會當場發飆。所以建議事先提議做好時間運用，例如，主動處理孩子的出門準備，那麼就能避免因為自己不耐煩，而接連使妻子發怒的情況。

女 對無法理解自己的男性發飆的女性

為了不讓丈夫一直催促，身為妻子的妳可以拜託丈夫幫忙處理一些準備工作。基本上當男性知道自己拖延到時間後，就不會對自己感到不耐煩。但要是妳在時間不夠的狀況下一直用命令的口氣跟丈夫說話，那麼彼此的關係只會變得更差。所以一樣建議在事前溝通一下分工細節。

吵架 ㄔㄠˇ ㄐㄧㄚˋ

在雙方的溝通開始演變為吵架時，男性就會在一瞬間發揮出鬥爭本能。而且為了確定可以在最後一刻能完全打倒對手，常常會展現出頑固不化的一面。

男

以打倒對方為目標的爭鬥

女

傳達自己想法的手段

女性會認為吵架只是溝通的方式之一，所以不會太在乎最後誰贏誰輸。大多是基於「我想讓你知道我的感受」的想法而吵架。

堅持勝出的男性

想一吐怨氣的女性

TIP 要是雙方都僵持不下，
整個家庭就會化為不顧情面的廝殺戰場。

女性在跟丈夫吵架時，內容幾乎都是以抱怨「寂寞」、「想要被理解」為主。無視這些問題或企圖吵贏女性時，將會造成僵持不下的後果，所以男性要冷靜地將溝通重點集中在「傾聽妻子的內心話」。還有，由於女性不會輕易忘記別人說過的話，所以吵架時千萬不可以用情緒性發言否定妻子的個人價值，否則你的妻子將會永遠記下你說過的惡言惡語。

女性雖然很容易放任情緒失控，但演變成「吵架」也只是造成點燃丈夫攻擊性的火種。所以當妳要開始抱怨前，最好先想清楚「自己究竟想爭取什麼」，然後將自己想說的意見，傳達給丈夫瞭解。

成熟 ㄔㄥˊ ㄕㄡˊ

讓情緒冷靜下來，並做出妥善的處置

這句話對男性而言代表著「傾聽他人的建議」「冷靜下來，不要情緒失控」。通常男性會用於想跟他人交換資訊等，準備傾聽他人意見時。

在生活上的自理能力

對女性而言，代表著「身為大人就不要造成他人的困擾，自己的事就該自己處理」。因此，會將生活中沒有自理能力的丈夫當成沒長大的大人，所以覺得自己就像是多照顧一個兒子。

女 無法冷靜的女性

男 無法自立的男性

TIP 懶散的丈夫和情緒化的妻子。
雖然看起來很幼稚，但你有沒有發現自己家中也常常出現這種景象？

為了被妻子認可為「成熟的大人」，男性必須展現出能獨自打理生活大小事的模樣，好證明自己有辦法做好生活管理。身為一名丈夫或男友千萬不要把妻子或女友當成媽媽，如果總是持續維持懶散的習慣（例如，衣服脫了就亂丟、吃完飯不洗碗盤等等），總有一天負責處理家事的妻子日積月累的不滿將會爆發出來。

至於女性要是被丈夫說「妳可以成熟一點嗎」時，通常話中的意思就是「請妳不要感情用事，先冷靜下來好好溝通」。由於女性在情緒化後，容易演變為豁出去，不管周遭怎麼想的狀況，所以當男性要妳成熟一點時，請先好好深呼吸，讓情緒冷靜下來。

抽(ㄔㄡ)空(ㄎㄨㄥ)陪(ㄆㄟˊ)伴(ㄅㄢˋ)

男

應該被對方感謝的義務

由於看不出「陪對方」有何價值，所以這句話對男性來說絕對稱不上有趣。也因此男性會覺得對方，應該要懂得感謝。

女

被對方感謝就覺得開心的慈善行為

通常女性對這件事不會感到不滿，除非對方的態度是「妳陪我是理所當然的義務」。雖然女性不會期望對方因為自己抽空陪伴而表達感謝，但只要能被感謝還是會感到開心。

男 基本上不喜歡浪費時間陪人的男性

女 帶著善意陪伴對方的女性

TIP 如果對方是你目前的交往對象，那麼表現出樂在其中的態度才是最高明的策略。

即使男性打從心底覺得自己「不得已才必須花時間陪伴對方」，也千萬不能把這種想法表現出來。否則，對方不但不會感謝你，而且雙方最後還會演變為不歡而散。另外，如果是女性花時間陪你出門，就算那名女性看起來對過程感到厭煩，你最後還是要記得跟她說「謝謝妳願意花時間陪我」。

而女性則是要多諒解男性不習慣「單純的陪伴」，因此妳也一樣要對陪自己出門的男性說句感謝的話，例如，「謝謝你幫了我這個大忙」，就能緩和男性原本覺得無聊的感受。如果不想在過程中節外生枝，就不要逼男性額外花更多時間陪妳做多餘的事情。

察(ㄔㄚˊ)言(ㄧㄢˊ)觀(ㄍㄨㄢ)色(ㄙㄜˋ)

男性的字典中沒有這個辭彙

男性基本上沒有這項能力、也不習慣這麼做，甚至不覺得有什麼必要性。在被妻子責怪等類似讓妻子不高興的情況中，男性多半都會完全搞不清楚狀況。

推測、思考人心的變化

女性會將想像他人心思、想像狀況發生時的前後因果視為理所當然。所以對於不懂這種簡單道理的丈夫，常常會覺得無法理解。

男 沒有察言觀色習慣的男性

女 希望任何事都能被察覺的女性

TIP 不管妳再怎麼努力發出心電感應，男性也照樣無動於衷，還不如直接開口要求「幫我把衣服拿進來」會更好。

當你的妻子心情不好或開始抱怨、說喪氣話時，代表妻子希望你能發覺到某些事。就女性陰晴難辯的心思而言，她們其實很渴望心中重要的事能被他人察覺。但這種情況下要是說錯話，很容易造成其他誤會。因此建議直接詢問「我不知道妳心裡的感覺，請直接告訴我吧」。接著聽完後要設法理解女性的想法，並且試著解決問題。

至於女性，請理解男性多半有著「沒人主動求助就不會出手幫忙」的原則。所以只要妳坦率求助，通常他們都會立刻幫忙。還有在請求時，建議用「如果你能幫我的話，我會很開心」，強調「我」這個主詞會更完美。

世(ㄕˋ)故(ㄍㄨˋ)圓(ㄩㄢˊ)融(ㄖㄨㄥˊ)

男性會將讓人感到窩心，並且能取得對方好感的言行舉止視為成年人應有的常識。相反地，他們卻認為家中是「不用太計較言行的場所」。

男

在社會上取得眾人信賴的言行舉止

女

偽裝自己，不讓別人看到真正的自我

女性將這種處世方式視為偽裝真正的自我，算是「將本性隱藏起來」的同義詞。對於重視「率直的自我」的人來說，這個辭彙帶有一些負面意義。

男 重視對外展現自我的男性

女 重視家中應對方法的女性

TIP 「哼！一出門就只會裝好人」，
要是表裡不一的反差太大，說不定哪天就會被妻子爆料。

看到丈夫在外深得大家的信賴，並展現出成熟的言行舉止，身為妻子理當要覺得高興，但丈夫在家中卻是用相反的態度對待家人。一想到丈夫在自己看不見的場合下對外人彬彬有禮，許多妻子就不自覺地怒火攻心。男性若想避免妻子出現這樣的想法，在家裡就該強調「還是回到家最幸福，這樣我就不需要對人畢恭畢敬了」，以此稍微解釋自己為何會用輕鬆的態度對待家人。

至於女性，若認為世故圓滑的態度等於在外必須維持緊張狀態，那麼丈夫知道後會對妳產生出同理心。所以妳可以試著轉換一下想法，在家可以盡量放鬆自己的心情，出外時則將應付外人的交給丈夫處理。

率ㄕㄨㄞˋ直ㄓˊ

ㄕ

四聲・十一畫

男

態度順從

是指聽從別人說的話，不做出反對的言行。通常男性說「我喜歡率直的人」，就代表他很喜歡可以順從自己意見的人。

女

作風直接

直接表現出自己的情緒。女性認為這樣的人會有天真可愛的舉止，表現出「想怎樣就怎樣」，可以無拘無束地任意行動。

男 希望女性能「率直」順從的男性

女 希望能「率直」做自己的女性

TIP 雖然丈夫事前叮嚀：「態度要率直一點」，
結果卻在丈夫的上司面前老實展現出很隨便的舉止。

有些男性希望女性聽從自己的話，會告訴對方「為什麼不肯率直地聽話」，到最後甚至會自顧自地進一步要求「我希望妳能老實聽話，也最好照著我的想法去做」。身為男性的你如果真的很希望女性把話聽進去，建議用「希望妳能幫我」，或是「請你先聽聽我說的話」之類的口氣，才是容易讓女性接受的最佳表達方式。

至於女性，當男性告訴妳「率直一點」時，最好注意一下對方是否希望妳能「順從他的意見」。如果妳希望能自由地跟對方相處，或是想詢問對方真正的想法，那就要告訴對方「要老實地順從自己的情感」。

輸（ㄕㄨ）贏（ㄧㄥˊ）

男

絕對的優劣標準

這是男性從小到大都會在乎的議題。不管是芝麻綠豆大的小事，又或者對手是小朋友，男性都會因為「想要贏」「不想輸」的心情，而在本能上發揮出很計較輸贏的態度。

女

該場合下的順位排名

女性基本上不太在乎輸贏，而是會重視當下的氣氛。不過，要是自己的主張、價值觀不被對手認同時，就會突然湧出「一定要勝過對方」的強烈渴望。

男 覺得先贏再說的男性

女 受到認同就好的女性

TIP 面對不服輸的男性時，
建議用「退一步海闊天空」的心態看待即可。

女性基本上會重視「和諧」、「同理心」、「現場的氣氛」，因此，不會太計較勝負。不過當自己的存在意義被否定時，就容易激動起來，甚至會發展為充滿攻擊性的憤怒情緒。因此在跟女性相處時，基本應對方針就是「同理雙方的心情」。

至於女性，由於男性是不允許自己「輸給任何人」的生物。所以，就算對手只是小朋友，他們也會想使出全力打敗對方。由於男性的好勝心已經接近本能的地步，女性最好別浪費時間與他們爭輸贏，而是要聰明一點，用「退一步海闊天空」的心態稍微應付一下就行了。

任ㄖㄣˋ務ㄨˋ

男

必須完成的使命

我是一個父親，所以我必須這麼行動；我是一個丈夫，所以我必須這麼行動。男性的任務通常會伴隨著這些「必須」，而且他們做「必須」做的事時，會在心中將自己美化成拯救世界的英雄。

女

只靠自己親手實行的義務

「公司員工」、「妻子」與「母親」等，對於會自然區分這些角色的女性而言，雖然會用正面的心態視為必須親手完成的工作，但內心還是會抗拒不得已而為之的任務。

男 在職責上想達成任務的男性

女 不想被單一職責拘限的女性

TIP 女性除了擁有千變萬化的身分之外，有時候會更希望能夠「坦然做自己」。

總是希望能被大家以「個人」的方式看待的女性，對於自己內心存有「我是妻子就應該做好家事」「我是母親就應該照顧好孩子」的觀念感到厭惡。所以女性看待「任務」這個辭彙時，就會產生出「被責任強壓在身上」的印象。所以為了不要挑起女性的敏感神經，男性要盡量避免使用類似的辭彙。因此，在妻子完成分內工作時，建議使用「幸虧有妳，事情才能順利完成」的說法，才可以盡量避免女性抱怨工作的辛勞。

另外，丈夫總是強調自己身為「丈夫」、「父親」的「任務」必須達成時，建議身為女性的妳要好好理解男性天生會有這種傾向，如此妳就比較能接受丈夫「使命必達」的想法。

忍耐 ㄖㄣˇ ㄋㄞˋ

男

事後不要求回報的忍讓

緊緊關上嘴巴，不說出個人意見的狀態。即使有些事情會讓男性的心中感到大大的不滿，但一旦決定好「忍耐」後，就不會輕易吐露出內心的不快。

女

必須要獲得回報的自我犧牲

女性就算表面上暫時妥協，但要是再正視內心真正的想法，就會期待自己能獲得相應的報酬。有時女性也會主動強調自己正忍耐著不說出個人意見。

女 將忍耐「暫時無視」的女性

男 將忍耐視為「結論」的男性

TIP 如果丈夫對妳說「不忍耐也無妨」時，最好大方地坦白說出自己真正的願望。

當你的妻子或女友說「我會忍耐」時，就代表她的心中其實已經非常不滿。要是身為丈夫或男友的你沒有盡快道歉或設法挽救，就不用期待另一半願意和好了。如果想跟忍耐著不滿的妻子或女友和好，重點就在於讓她感覺到「自己的忍耐總算有了回報」。

反觀男性，他們說自己「要忍耐」時，就等於在聲明自己已經做好了面對狀況發展的心理建設。當妳聽到丈夫說「我會忍耐」後，就不要再三詢問「你真的沒意見嗎」，否則會讓丈夫更加討厭妳囉唆的態度。還有，當妳打從心底無法接受某些事，而丈夫或男友卻對妳說「要忍耐」時，千萬要想清楚自己是不是真的打算忍氣吞聲。

認（ㄖㄣˋ）真（ㄓㄣ）

男

毫無通融餘地的個性

雖然擁有這樣的個性不會是壞事，但也不是什麼好事。這種男性不但不輕易稱讚他人，就算自己被他人稱讚也不會感到高興。

女

確實的做事態度

雖然女性年輕時未必會高度要求他人有認真的辦事態度，但開始想結婚後就會突然用這種標準來要求男性。不過要是自己反過來被別人如此要求時，女性也不會太開心。

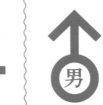

男 不想被認為自己很認真的男性

女 有認真的丈夫才感到安心的女性

TIP 雖然女性會把「認真」和「個性死板無趣」劃上等號，但婚後會考量現實因素，在意起這個特質

說一個人「很認真」，除了可以當作稱讚之外，同時也帶有「無趣」、「沒有魅力」的印象。因此，當自己被別人形容「很認真」時，不管男女聽了都很難開心得起來。雖然有各種方面的情況會被他人形容「很認真」，但這個辭彙對男性來說可能會格外刺耳。因為這聽起來就像是在形容他們過於老實，所以才會被人看不起一樣。而這個辭彙用在男性身上的同時，也代表女性認為這個男性「不會花心」、「會認真工作」。那種「認真過生活的姿態」，簡直就是最適合成為丈夫的對象。所以所有被形容為「很認真」的男性也要記得自己有這個優勢。

至於女性，雖然妳覺得自己是真心想稱讚男性才會用「很認真」來形容，但請別忘了男性對這個辭彙還是會有一點負面觀感。

自ㄗˋ己ㄐㄧˇ的˙ㄉㄜ想ㄒㄧㄤˇ法ㄈㄚˇ

男性只要是表現出自己的想法和他人不同時，通常一定會和他人產生對立。雖然男性總是認為自己的想法才正確，但由於會避免跟他人產生對立，因此很少在意見上直接跟他人產生衝突。

想法和別人不同是很正常的

想法和別人不同時，會感到不安

由於女性希望他人可以和自己的想法產生共鳴，所以很在乎自己是否跟他人的意見一樣。如果發現自己不被人接受時，通常會開始害怕自己的立場變弱，然後轉而附和他人的想法。

男 對自己的想法很有自信的男性

女 想法遭否定時會感到很受傷的女性

TIP 「大家都讓孩子考那間私小」「你對這間事怎麼看？」女性天生就特別容易在乎別人的想法。

妻子就算遇到自己無法接受的事，通常還是會問一下丈夫「你覺得如何呢」。但若丈夫表達出相反的看法時，妻子就會覺得自己遭到否定，心中覺得很受傷。對於這種情形，建議男性至少要做到避免提出完全否定的意見，用冷靜的態度和妻子溝通，以求得彼此都能接受的結論。

至於女性，在跟丈夫溝通時必須迴避「正確」或「不正確」的論點。當妳用自己才是正確的想法發表意見時，男性就有可能會反過來辯論「自己才是正確的」，進而導致雙方的溝通陷入僵局。因此建議用「我希望讓事情能如此發展」的說法，傳達出妳不想強硬地要對方妥協。當丈夫聽到這種說法時，也就更可能接受妳的想法。

責ㄗㄜˊ任ㄖㄣˋ

男

絕對要達成的目標

絕對要遵守的約定、或是必須執行的重要任務。責任這個辭彙在男性的心中擁有重要的意義。

女

執行必要的事

和男性相比，責任對女性的意義會輕上更多。在女性的想法中，這個辭彙通常也包含了稍微幫一點小忙。同時也帶有「事態主體性」的意義。

男 將「沒責任感」視為羞辱的男性

TIP 傳統的男性在現代依然必須跟家庭責任交戰，所以經常為此勞心勞力。

女 對「沒責任感」的模樣感到愕然的女性

當女性說「你真沒責任感」時，也包含「我希望你能照辦的事情居然沒達成」的意味。或許對你而言事態的發展並不嚴重，但女性說出這句話的用意是希望你能更針對「事態主體」來解決問題。

例如，你在養小孩的問題上被妻子說「沒責任感」時，你就該表現出足以一肩扛起全家生活的氣魄。

身為女性的妳如果已經對丈夫說出「你真沒責任感」後，請千萬要避免繼續做出傷害丈夫尊嚴的言行。這個情形下，與其強調男性什麼事情都辦不到，不如用懇求的態度，表示「希望男性可以辦到」才是最正確的溝通方式。

做 ㄗㄨㄛˋ 自 ㄗˋ 己 ㄐㄧˇ

對男性而言，「勇敢做自己」代表能用自己的方法做事、做自己想做的事、堅守自己的主張。然而，在需要團隊合作的場合中，這種個人至上的觀念是必須克制的想法。

男

不用跟他人配合

女

保有自己的風格

自然且毫不做作地展現出個人的行事作風。女性認為能達到這樣的境界，就代表自己抓到幸福。同時這也是只有自己才能理解的真實樣貌。

男 認為「做自己等於任性」的男性

女 認為「做自己等於抓住幸福」的女性

TIP 就算女性認同〈Let It Go〉的意義，但現實中真的有辦法「勇敢做自己」嗎？

由於《冰雪奇緣》裡的〈Let It Go〉，讓不少女性大受啟發，開始認為「勇敢做自己，就是保有個人的初衷」，並且將這種觀念當作獲得幸福的大前提。但要注意的是「保有初衷的自我」，畢竟是只有本人才能理解的標準。要是妳擅自用個人的觀點評論他人「這樣真不像你自己」，對方或許只會覺得「妳在說什麼鬼話」，然後被妳給惹惱。

至於男性，由於他們認為「勇敢做自己」跟「任性妄為」只有一線之隔，所以當女性高呼「勇敢做自己」時，就會容易讓男性以為妳這個人很任性。為了避免這種誤會發生，建議女性用比較婉轉的態度，表達自己的處事原則即可。

尊（ㄗㄨㄣ）敬（ㄐㄧㄥˋ）

男

心中嚮往的「大人物」

敬仰自己所不能成為的人物時，所產生出的想法。男性很容易尊敬在能力、地位、收入上受到社會肯定的「大人物」，並且希望被整個社會尊敬的想法也很強烈。

女

心中嚮往的美好人性

對寬容大度、體貼、堅強等人性優點的嚮往。社會的評價通常無法影響女性的想法，能影響到她們的人，通常是身邊的親朋好友。而女性會崇拜可靠的人。

男 想成為大家眼中大人物的男性

女 想被值得依賴的人守護的女性

TIP 不只有工作業績，
事實上妻子平時都會把優良表現看在眼裡。

不管你的地位、收入有多高，如果與人相處沒有展現出人情味，就無法贏得女性的尊敬。要是你被女性說「我無法尊敬你這種人」時，請別想靠著展現能力來讓對方尊敬，而是要回想一下自己待人處事的態度是不是出了問題。

而女性在跟男性相處時，請先理解「尊敬」這個辭彙的意義對男性來說非常重要。請不要對男性表示自己「只尊敬有頭有臉的大人物」，因為這麼做只是提高男性跟妳好好相處的門檻，建議稍微跟男性透露「我其實有點尊敬你」就好了。當妳稱讚丈夫「很會收拾家中的東西」「很擅長跟小孩遊玩」後，那種小小的敬意就能傳達到丈夫的內心深處，逐漸被妳培養成可靠的另一半。

素顏 ㄙㄨˋ ㄧㄢˊ

只讓自己看到的面貌

雖然男性驚訝於女性卸妝後的面貌，不過這也代表男性對女性平時的模樣很感興趣。基本上，只要卸妝前後的模樣沒有太大的反差，就不會被男性嫌棄。

解放身心的輕鬆面貌

對女性來說不只是解放外表，同時也是卸除心靈上的面具。當女性能好好地沉浸在這個解脫時的舒適感後，也會慢慢覺得化妝簡直就是在自找麻煩。

男 看到女性卸妝反而不習慣的男性

女 希望盡可能輕鬆面對他人的女性

TIP：偶爾精心打扮後再去約會，
或許夫妻兩人會重新陷入熱戀。

女性會在某些對象面前展現出素顏，代表她的心中已經對該名對象放下戒心。如果你不喜歡妻子看起來太過放鬆的模樣而說出「妳要不要稍微化點妝」，妻子也絕對回嘴「你講這個是什麼意思」。所以要是你想提高妻子化妝的動機，最好的方法就是帶她前往必須化妝才顯得比較體面的場所。

女性在婚後過的日子越長，就越樂於以素顏放鬆心情，甚至會隨著素顏次數越多而越不覺得沒化妝是很難為情的事。不過，還是將最低標準放在看起來較為自然的淡妝，不但可以重拾身為女性的樂趣，說不定丈夫的態度也會出現很大的變化。

撒ㄙㄚˇ嬌ㄐㄧㄠ

任性的依賴

男性會聯想到「不靠自己做事」「輕鬆行事」「偷懶」等負面辭彙。雖然自己在表面上不會允許撒嬌的行為，但要是對方是容許自己撒嬌的對象時，就會馬上卸下心防。

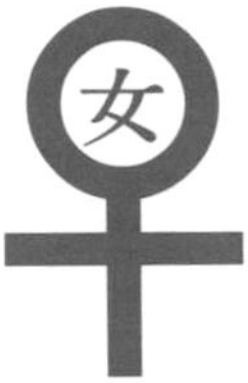

弱者的特權

女性認為這是弱者對強者展現的行為。雖然女性年輕時會將這種行為當成武器並積極使用，但隨著年紀增長，就會因為責任和立場，盡量不讓他人發現自己弱小的一面，最後反而出現讓人難以招架的強硬態度。

男 在家就是想撒嬌的男性

女 認為撒嬌有礙自尊的女性

TIP 家中的這個「大孩子」，讓我沒辦法撒嬌了。

雖然大多男性出了家門就不會撒嬌給別人看，但由於會把家中的妻子或女友當作母親看待，所以在只有雙方的家中，就會產生想撒嬌的念頭。但要注意的是，男性一旦撒嬌過度，將不會被妻子當成「丈夫」，而是會被當作「長子」來看待。所以，男性如果想對另一半撒嬌，重點在於先讓自己成為對方眼中值得信賴的可靠存在。

雖然自尊心強烈的女性不擅長跟男性撒嬌，但這種人要是能算準時機對另一半撒嬌，常能轉換家庭氣氛，讓彼此的關係變得更輕鬆。妳可以強調自己其實還是很需要可靠的男人，如此對方才會當妳的「可靠存在」。此外，撒嬌時必須注意另一半是否比較粗神經，適時清楚表明自己的需求也很重要。

隨心所欲

ㄙㄨㄟˊ ㄒㄧㄣ ㄙㄨㄛˇ ㄩˋ

男

表達出默許所有行為的意思。雖然也帶有無奈到無話可說、不打算阻止對方的意思，但只要對方不是做壞事，就不會「捨棄」和對方之間的關係。

你可以想做什麼就做什麼

女

雖說讓你想做什麼就做什麼，但後果我不負責

其實在大多場合中，女性這麼說就表示自己不認同對方的行為。同時其中也包含輕度的警告，因此也代表希望對方能放棄進行不該做的行為。

男 照字面意義領略話中涵義的男性

女 用相反的意義與人溝通的女性

TIP 即使表達可以「隨心所欲」，
但身為媽媽還是會因為母性使然而在旁邊焦急擔心。

當女性心情不好時說出「想怎樣隨便你」，就代表她目前鬧彆扭的程度已經到了最高點。若這時你還回答「那我就照妳的話隨心所欲」，就會讓彼此的誤會加深。女性說出這句話時，雖然很有可能已經進入了最難安撫的領域，但如果你不希望事態越來越嚴重，就要忍著性子乖乖聽女性到底想要抱怨些什麼。雖然這種方法可能會花上很多時間，但可以慢慢地化解問題。

另外，千萬要記住男性容易對字面意義照單全收，因此女性絕對不要用開玩笑的心態表示自己能默許男性去做一些不可取的行為，請一定要直接跟男性說出自己的真正想法。

友ㄧㄡˇ情ㄑㄧㄥˊ

男性跟別人一起運動、一起工作等所產生出的情感。男性只要對人產生交情，就難以動搖跟對方之間的友情，而且還會持續地頻繁聯絡。

一起行動而產生出的親切情感

有所共鳴而產生出的親切情感

女性會在跟對方互訴苦楚、意見交流時，透過心意相通而鞏固彼此的友情。但要是發現彼此的生活習性並不合拍時，就會忽然疏遠對方。

男 友情恆久不變的男性

女 友情如流水般變動的女性

TIP 由於「聊天」是女性最重要的交友方式，所以她們會隨著生活環境而改變朋友圈。

對女性來說，構築友情的因子就是「和對方取得同理心」，因此她們的朋友關係會因為生活環境而出現改變。如果妻子無法隨著生活環境順利交到新朋友時，那麼丈夫平時要發揮知心好友的身分，仔細聆聽妻子想說出的話。另外，雖然很多男性會將好朋友的應酬排在第一位，但如果需要延後家中活動才能出去找朋友應酬時，就必須拜託朋友幫忙說服妻子。但要是妻子可以跟朋友的妻子成為好友時，或許會比較寬待你愛找朋友應酬的習慣。

還有，身為妻子的妳要瞭解丈夫跟朋友應酬的場合，其實也是很重要的情緒宣洩管道。要是聽到丈夫在應酬中抱怨任何事，也要尊重他的言論自由。因為做一個識趣的妻子，才能贏得丈夫的體貼對待。

儀ㄧˊ態ㄊㄞˋ

男性對儀容的標準有很大的個人差異。會在乎的人平日就會保持好整潔的外觀，而且還會用同樣標準要求女性。不在乎的男性，就不會對彼此的儀態有太多要求。另外，看到女性切換出門、在家的模樣時，男性會對其中的反差感到驚訝。

出門或在家都穿同一套衣服

準備好適合出門的服裝

女性即使在家隨便穿，但出門時就一定會將外出服穿好。尤其是需要跟特定人士見面時，女性會更注意外觀上的整潔，有時甚至會希望對方穿戴整齊。

男 出門在家都一模一樣的男性

女 會切換外出、在家姿態的女性

TIP 妻子在家中表現出邋遢的模樣，
也算是對丈夫卸下心防的證明吧？

打扮除了是女性打發時間的消遣之外，同時也是一種想把心中最理想的外觀呈現出來的行為之一。不過一回到家中，女性就會將原本的自己表現出來。雖然妻子在家中顯露出這種隨性的模樣，不過丈夫還是得諒解妻子想放鬆的心情。

若你覺得原本愛慕妻子的情意，被妻子的邋遢模樣給沖散，不如偶爾稱讚一下打扮後的妻子，例如「在家裡穿一下裙子也很可愛喔」。

至於想要丈夫整理儀容的妻子，如果妳自己的朋友過來拜訪時，突然叫丈夫趕快按照指示穿上合適的衣服，丈夫很有可能會頂嘴「這種衣服不適合平常的我穿啦」「現在才要我刻意打扮，讓我覺得很不好意思耶」。對此則是建議妳先為丈夫準備居家用的衣物，然後再漸進式地幫丈夫提昇打扮的品味。

我的菜 ㄨㄛˇ ˙ㄉㄜ ㄘㄞˋ

不到討厭的程度

女性的相貌只要有標準以上的程度時，男性就不會展現出拒絕的態度。因此當有男性說出這句話時，通常也代表他沒有太深入思考自己的喜好。不過當男性被別人這麼說時，心裡則會在意。

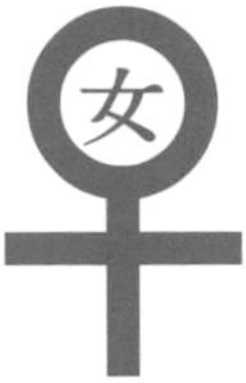

可以談戀愛的對象

這個辭彙對女性來說，就表示自己很瞭解自己喜歡什麼類型的交往對象。由於女性也將這個辭彙跟告白劃上等號，所以在討厭的對象對自己這麼說時，不但會立刻驚愕，而且也會開始厭惡起對方。

三聲・七畫

男 把「你是我的菜」當作打招呼的男性

TIP 其實不管男女都會被「你是我的菜」牽動情緒。或許這句話用在自己的真愛會更好吧？

若你不是特定女性所心儀的男性，即使你對她說「妳是我的菜」，也無法讓對方感到高興。因此，千萬不能用隨便的態度對女性說「妳是我的菜」。如果對方是有夫之婦，甚至還有出軌的打算，那麼這句話更是充滿了遭人誤會的危險性。由於女性對這句話容易有過度解讀，男性千萬要謹言慎行。

女 把「你是我的菜」視為告白的女性

如果妳聽到丈夫對其他女性說這句話時，請先不要醋意大發。因為妳也必須知道男性說出這句話時，通常不會含有什麼特殊意思。另外，當妳聽到丈夫以外的人對妳這麼說時，絕對不要因為自己的過度解讀而表現出非常開心或非常不滿的模樣，否則妳會被大家當成自以為是的怪人。

無ㄨˊ法ㄈㄚˇ接ㄐㄧㄝ受ㄕㄡˋ

對方和自己的想法無法相容。如果自己的意見沒有獲得對方的正面評價時，男性通常會表露出憤怒的態度。

男

自己的意見不被瞭解

女

自己的心情不被瞭解

女性在乎的不是對方的意見，而是在乎自己的想法有沒有被對方瞭解、對方是否正在踐踏自己的心意。

男 不肯改變自己的意見

女 無法原諒自己的想法被人忽視

TIP 如果不知道對方「無法接受的重點」是什麼，那麼兩人的溝通就只能一直雞同鴨講。

當女性對身為男性的你說「我無法接受」時，請不要以為對方完全無法認同你的言行。因為女性的「我無法接受」要解釋成「我不原諒你」的近義詞，至於這種解釋的基礎則是因為「你居然忽視我的想法！」，才會氣得說出「我無法接受」。因此，你聽到女性這麼說時，就要先問清楚對方的心裡究竟在想什麼。女性將心中的話說出後，通常也就會變得不那麼生氣，進而提昇雙方溝通上的成功率。

至於女性在聽到男性對自己說「我無法接受」時，最好先認真聽取對方的意見，然後再有邏輯地陳述自己的想法。畢竟溝通時要是太情緒化，就有可能會讓對方無法瞭解妳想表達的意見。

慰勞

男

對平日的辛勞，致上最高感謝

盡心盡力地「用自己的方式」關懷對方，進而向對方表達出感謝的心意。當然女性也會評價男性的慰勞是否到達「盡心盡力」的程度，所以當男性聽到評價不好時，就會很不高興。

女

稍微感謝一下

女性會認為慰勞單純只是「感謝一下」而已。雖然會說「謝謝您平日的辛勞」「謝謝您總是幫我」之類的話，但心裡也會覺得沒有到需要鄭重道謝的地步。

男 用獨有的方法慰勞妻子的男性

女 用話語就能表達慰勞的女性

TIP 正在為妻子洗手作羹湯的丈夫。但妻子在開心之餘，卻還要煩惱後續的收拾工作。

有時男性會無視妻子是否需要，突然自顧自地慰勞妻子。但男性做完無謂的慰勞後，不但讓對方感到困擾，最後自己也發現只是徒勞無功。所以為了避免產生這種尷尬狀況，最好的方法就是事前詢問對方「想要什麼」和「希望能幫什麼忙」。

至於女性，如果丈夫慰勞的方式錯誤，希望也能看在丈夫認真付出的份上，誠心地表達出感謝之意。基本上，無法讓男性準確察覺出妳真正想要什麼，建議將標準放在「易如反掌」的程度上，就能讓自己輕鬆接收丈夫的心意。而當妳想慰勞丈夫時，請記得除了言語上表達之外，還要再準備美味的大餐，如此才可以完美地展現出妳的心意。

育ㄩˋ兒ㄦˊ

養育自己不懂的生物

即使男性有意一起行動，也會因為不知道最後何去何從，而導致幫起忙來好像沒有盡頭似的，最後顯得手忙腳亂。如果這時還被指責，就會喪失學習育兒方法的動力。

身為雙親所應盡的義務

女性通常認為一旦身為父母，育兒就是分內應盡的責任。因此也會要求丈夫必須跟自己一樣有相同程度的認知。由於自己也是從完全不懂到漸漸瞭解該如何育兒，所以當丈夫對育兒工作表達出「無能為力」時，便會覺得丈夫是在推卸責任。

男 將育兒當成未知領域的男性

女 將育兒當成「義務」的女性

TIP 雖然一開始會難以招架，但既然有妻子具體的技術指導，丈夫就要鼓起勇氣努力學習。

即時二十一世紀的現在，育兒仍然是許多男性最不擅長的領域。雖說如此，要是丈夫直接表示「自己不懂照顧寶寶」，絕對會遭到妻子強烈責怪。因此，丈夫常常會請教妻子，然後再想辦法熟悉照顧寶寶的工作。這時，如果妻子能盡力協助丈夫熟悉育兒工作，夫妻間的關係多半能迅速升溫。

至於女性，由於男性本來就不擅長照顧寶寶，因此請一定要介入指導。換句話說，如果想讓丈夫照顧寶寶的話，就要具體教導正確方法。可以試著在照顧孩子的工作上多加示範，透過潛移默化的方式使丈夫瞭解育兒是父母雙方應盡的責任，漸漸讓丈夫走進孩子的成長過程，也算是為了將來的親子關係所進行的投資。

約定

男

彼此說好要一同遵守的規定

雖然男性會將遵守約定視為重要的社會常識，但如果是男女雙方間的約定，往往會覺得就像是「讓自己被管束的狀態」。如果男性每次都是在很不甘願的情況下遵守約定，即使知道誠信的道理，還是會認為自己就算不遵守也無可厚非。

女

能控制對方的手段

女性要對方遵守約定的情況中，多半是希望能透過遵守約定來實現自己的願望。而且女性深信戀人間的約定是絕對要遵守的金科玉律，就算內容有多不合理，還是會認為遵守約定是天經地義的事。

女 相信約定能實現的女性

男 會對約定產生負面想法的男性

TIP 雙方隨便許下的承諾只會讓彼此邁向痛苦的結局，因此必要時你也必須勇於說不。

其實女性很希望有人可以跟自己立下某些事情的「約定」，而且也非常信賴「約定」能夠實現，會打從心底認為「既然已經宣誓過了，那麼雙方就必定會遵守約定」。所以其中一方有人「毀約」時，女性當然就會對此感到極度憤怒。因此，男性在跟女性立下約定後，請務必遵守雙方的諾言。就算無法遵守，至少也要「裝出我有盡力」的模樣。另外，在互許約定時，若你無法接受對方提出的條件，那麼絕對要貫徹「不遵守單方面約定」的態度。

另外，女性必須知道「約定」對男性來說是一種束縛，要是對方無法接受妳提出的「約定」，那麼有可能會採取抵抗的態度，更不用說對方遵守的可能性會很低。因此，與其用「約定」要對方乖乖照辦，不如用請託的形式會更有效果。

愛情 ㄞˋ ㄑㄧㄥˊ

男

以態度表現愛意

無論多喜歡一個人，男性都鮮少會脫口而出這個辭彙。因為除了羞於啟齒外，有些人也會認為與其光說不練，不如展現出更有誠意的言行，才能表達出真正的愛情。

女

以言語表現愛意

由於女性察言觀色的能力極佳，所以能瞭解對方的言行是否帶有愛意。但女性會因為想直接確認對方的愛，而希望對方能主動說出「我愛妳。」

男性重視將內心態度表達出來

女性重視從言語上來表達愛意

TIP 要注意的是，女性表面上雖然只要對方說「我愛你」，但其實就連態度也會仔細觀察，所以只用言語敷衍，只會造成反效果。

無論是哪種年齡層，女性都是重視用言語溝通的生物。反觀男性即便是將「為妻子、兒女工作」「為家庭盡心盡力」的事實與態度，作為傳達愛情的唯一方法時，卻會讓女性難以理解真心情意。所以若男性想跟另一半維持良好關係，最好時常將「愛」這個辭彙放在心上，有事沒事就找機會說出來。這一招在各種紀念日或女性需要心靈安慰時，最能收到效果。

另外，女性如果偶爾產生想要丈夫對自己說「我愛妳」時，就要確實對丈夫說清楚，例如，直接告訴他「我希望你能親口說你愛我」。大家必須搞清楚男女溝通的基本方法，並不是光想著「快注意到我的心意」，就能讓對方接受到心電感應。重點在於自己必須好好說出口、講明白。

結語

♂梅津貴陽

——以男性的立場客觀檢視夫妻的言行

執筆這本書最主要的挫折就是「男女思想、對事物的看法」有很大的差異。當然，我們都很清楚每個人都一定會有獨特的性格，即使雙方的性別相同，在意見上也不可能完全一樣。也因此，本書調查了許多男女的想法，並且從中選出占大多數的意見。而且在採用多數意見的同時，也會認真探討其中的思維。

即使如此，我們雖然深知男女有別，卻依然驚訝於兩性之間居然能有如此大的思考差距。

這種思考上的差異到底是如何產生？明明大家都是在同一個國家長大、說同樣的語言，為什麼光是性別上的不同，就會在思考上產生如此大的差異？為了可以找出這個問題的答案，同時也為了滿足我個人研究上的興趣，執筆時我不只想點出男女各自的想法，也想探討男女對特定言詞的意義，會個別產生出什麼樣的解讀。然後還要更進一步深入探討兩性的思考差異，最後導出的結果就完成了這本辭典般的書籍。

我想看過本書的讀者們，以後跟異性對話時或許會突然對某些辭彙的意義產生好奇，然後想再次翻翻本書，查閱一下相同辭彙會讓男女產生什麼樣的解讀吧。本書如果能因為這種動機，有幸被當成一本工具書，那麼我也希望能幫讀者瞭解特定辭彙會讓兩性有何不同的認知，而在恍然大悟的同時，也就更理解思維上的差別。

雖然本書鎖定的讀者群是以結過婚的男女為主，但我有自信這本書不管是未婚人士或職場上的人際問題，都能在男女關係上確實發揮建立基本認識的效果。哪怕只有一個人也好，衷心希望大家可以因為本書而讓自己的人生變得更快樂、更有意義。

最後在這裡，我想對所有幫助我一起完成本書的夥伴表示感謝，因為這本書絕對是大家努力付出下所產生出的心血結晶。首先是繪本作家蒲生智衣小姐，因為就是她在最初的時候告訴我「想做出解析男女言行的書，你一定要找這些人幫忙」。所以我真的要在這邊感謝她當時完美的指示，我才可以順利找到願意一起編寫這本書的夥伴。至於一起編寫本書的夥伴，就是長谷川美加小姐和小林奈保小姐了。她們在撰寫原稿、企劃的階段中，努力讓本書的面向能維持在幫男女建立良好關係的主題上。在繁忙的每一天裡，她們對這個工作灌注了許多想法，即使在最後完成時，也依然能從手上的書感受到熱度。除了感謝她們的付出之外，我心中更欽佩她們對完成本書能投入大量熱情。還有Discover 21的編輯大竹朝子小姐，多虧她在本書的製作階段能發揮高超的手腕，以銳不可擋之勢完成本書的出版作業。即使在最後，她也依然用心維護我們想推出這本書的夢想，所以我要對她的溫情守護致上最真心的謝意。

♀長谷川美加
——在不善表達愛情的父母身上學到夫妻相處之道

我的雙親是一對不擅長溝通的夫婦。若要說父母誰最不擅長溝通，我想主要都是母親的表現比較嚴重。

雖然我的雙親已經不在這個世界上了，但我現在每每回憶他們時，都覺得他們深愛著彼此。

雖然這麼說，但他們的關係卻一直沒有很親密。打個比方說，感情好的夫婦就像很有默契的兩個人在玩傳接球那樣，雙方會有來有往。但我的父母卻是對彼此投出難以判斷的球路。

當我的母親沒有收到能輕鬆接到的球時，就會開始鬧彆扭，然後還會憑著鬧彆扭的脾氣故意對父親投出更難接的魔球。我的父親當然接不到那顆魔球，但麻煩的是母親看到父親沒接好時，還會顯得更不高興。（我的母親只想讓父親乖乖聽她說話，而且希望能被認同）。

至於父親的表達方式，就像是很愛投出連自己都感到自傲的快速球和變化球。然而母親不懂如何摸透這些球路，所以常常不知道父親想表達什麼（單純只是想炫耀實力的父親）。

就算雙方偶爾能對彼此投出好接的球，可是再多投個幾球又會因為對方沒有配合好而覺得自己很委屈，因此，我的父母在生活上經常起衝突。

至於作為溝通橋樑的就是孩提時期的我和妹妹。當然，這種事對我們兩人也造成不小困擾。

在父母結婚後大約經過了三十五年，我終於也結婚了。我當時覺得自己總算是從這個家庭解脫了。

然而父母的兩人生活才剛開始，母親卻在幾乎同一個時期發現自己得到癌症。我們遲遲找不出病因，在不斷複診和檢查下，突然又發現癌細胞轉移到肺部。

後來在一直找不出手術和處理方法的狀況下又過了半年，才終於發現病灶位於喉部，而且還是小到難以發現的腫瘤。

現在想起來，我覺得這個病情就像是在反映出我母親的性格。因為我的母親不但自由隨性，而且有話直說，但相反地卻一直無法發現自己的心靈很寂寞。就在不斷尋找問題的癥結時，肺臟也不幸地默默受到癌症的攻擊。

那個時期，我一直覺得母親似乎有什麼話不好意思說出來。與病魔搏鬥大約一年後，我的母親才總算開口對父親說：「我好寂寞，請你待在我身旁好嗎？」

這句話說完的下一個瞬間，我的父母便相擁而泣。

過了幾個月後，我的母親過世了。不過她是用美麗安祥的表情踏上另一個世界的旅程。就我看來，母親的表情就像是在表示「幸好能在最後一刻把心中的話說出來」。

我的雙親雖然是那種感情好起來，就會變得情投意合的夫婦，但也因為不夠坦率，所以只能一直在誤會下固執己見，結果浪費了原本能共同度過的美好時光。

至於我，從結婚以來已經過了五年的時間，但我最近發現自己面對丈夫的態度越來越像母親，而且也常常會對丈夫鬧彆扭。

不過，只要我在腦裡還原一下讓我鬧彆扭的狀況，就會發現自己只是稍微誤會丈夫想表達的意思，或是因為男女有別才會對某些話語產生意見上的分歧。換句話說，主要的衝突點其實都只是單純的誤會。現在的我便每天會一邊回憶我父母的相處情形，一邊修正自己和丈夫的相處方式。

同時，我還發現很多人際上的問題，其實也隱藏各種必須解開的誤會。

不過，我也認為正視內心真正的想法、發覺心中的愛，以及順利跟心愛的人構築起夥伴般的情誼，說不定就是人們都會面臨到的人生課題。

因此，我希望這本書能幫大家在人生中，順利與另一半 構築出愉快的夥伴意識。

♀ 小林奈保

——從妻子的觀點來挽救自己的婚姻

我們小時候讀的童話故事，結局幾乎都是王子和公主從此過著幸福快樂的生活。

也因為這樣，我們一直以為想辦法積極結婚就是人生的結局。

但冷靜地一想，婚後的生活一般都會持續四十年到五十年以上，這段時期的生活足以讓一對夫妻的人生產生重大的改變。但是，現在依然有很多人在沒有做好這個覺悟前就開始過著婚姻生活。

其實，我自己也是沒做好覺悟就突然結婚的人。

而結果就是我的婚姻至少有七年的時間沒有受到愛情的滋潤，甚至到了準備離婚的地步。但諷刺的是，在我決定要和丈夫離婚時，本來不知道還愛不愛我的丈夫，卻突然被我發現原來他打從心底還是愛著我。

照理說男女就是因為相愛才會結婚，但為什麼有的夫妻會把婚姻搞砸，而又有的夫妻卻能從此永結同心呢？

所以我一直在想「夫妻要打造出幸福的婚姻生活，或許有一定的法則和技術可循吧？」。

於是我下定決心想跟丈夫幸福地生活，因此也開始研究起男性、丈夫的想法，還會想辦法將論點實踐在生活當中。然後就這樣過了十年，得到的結果就是我終於能真心覺得自己能跟丈夫結婚是一件幸福的事。

其實，我所做的就只有「瞭解雙方的心意」和「實現雙方的心意」罷了，而且得到的結果也只是「比原本的還要有改善」。

但是，我從過程中得到的寶貴經驗就是不管夫妻目前面臨什麼狀況，只要願意改變「現在」，就能讓「未來」也能跟著改變。

這本書的主題的確是只是用「男女有別」的觀點來進行剖析，所以我也知道不見得可以全部用來準確解釋所有男女的心理。

但我認為男女相處的重點就在於「先去發覺溝通對象跟自己有何不同」。如果忘了這一點，總是用一廂情願的想法解釋對方的言行舉止，就會像很多失敗的男女關係一樣，只能一再地固執下去，最後讓自己的婚姻生活遭遇不幸。

如果要換句話說的話，就是夫妻要理解彼此的不同點，再從相互理解進步到可以透過彼此的長處互相扶持。如此一來，夫妻就有機會從此過著幸福快樂的生活。

我們是以「即使是夫妻，雙方也依然是單獨的個人」為基礎，想讓大家瞭解每個人都會有不同的想法，以及研究、實踐如何讓人們幸福的方法，而這本書就是發揚我們這個理念的「第一步」。

我很希望「男女有別」這個容易理解的主題，能讓讀者在閱讀中仔細思考「我和妻子」以及「丈夫和我」有何差別。若真能如此，那絕對是我無上的榮幸。

在這邊，我還要祝福各位的婚姻生活能變得更幸福，而且也能以此為契機，開始深入瞭解「跟自己不同的意見」。

也希望這本書能成為幫大家構築幸福婚姻的「第一步」。

圖解男女對話辭典

作者—梅津貴陽、長谷川美加、小林奈保
內頁插畫—川原瑞丸
譯者—王榆琮
主編—王衣卉
責任行銷—謝儀方
全書設計—比比司設計工作室

第五編輯部總監—梁芳春
董事長—趙政岷
出版者—時報文化出版企業股份有限公司
108019台北市和平西路三段二四〇號四樓
發行專線—（〇二）二三〇六六八四二
讀者服務專線—〇八〇〇二三一七〇五
（〇二）二三〇四七一〇三
讀者服務傳真—（〇二）二三〇四六八五八
郵撥—一九三四四七二四時報文化出版公司
信箱—一〇八九九臺北華江橋郵局第九九信箱

時報悅讀網—http://www.readingtimes.com.tw
電子郵件信箱—yoho@readingtimes.com.tw
法律顧問—理律法律事務所 陳長文律師、李念祖律師
印刷—勁達印刷有限公司
初版一刷—二〇二一年十二月三十日
定價—新台幣三六〇元

時報文化出版公司成立於一九七五年，
並於一九九九年股票上櫃公開發行，
於二〇〇八年脫離中時集團非屬旺中，
以「尊重智慧與創意的文化事業」為信念。

圖解男女對話辭典/男女大不同檢証委員會作. -- 初版. --
臺北市：時報文化出版企業股份有限公司，2021.12
208面；13×19公分
ISBN 978-957-13-9754-2（平裝）

1.成人心理學 2.兩性關係

173.3　　110019623

ISBN 978-957-13-9754-2
Printed in Taiwan

「だからモメる！これで解決！男女の会話答え合わせ辞典」
（梅津貴陽、長谷川みか、小林奈保）
DAKARA MOMERU! KOREDE KAIKETSU! DANJONO
KAIWA KOTAEAWASE JITEN